Elvira Grözinger

Die schöne Jüdin

Die Autorin:

Dr. Elvira Grözinger wurde in Polen geboren und wuchs in Israel auf. Die Literaturwissenschaftlerin und Publizistin ist wissenschaftliche Mitarbeiterin am Kollegium Jüdische Studien der Universität Potsdam. Sie ist Autorin des 2002 im Philo Verlag erschienenen Buches „Die jiddische Kultur im Schatten der Diktaturen. Israil Bercovici – Leben und Werk".

Elvira Grözinger

Die schöne Jüdin

Klischees, Mythen
und Vorurteile über Juden
in der Literatur

PHILO

Bibliografische Information der Deutschen Bibliothek
Die Deutsche Bibliothek verzeichnet diese Publikation in der Deutschen Nationalbibliografie; detaillierte bibliografische Angaben sind im Internet über http://dnb.ddb.de abrufbar.

www.philo-verlag.de

Umschlaggestaltung: Uta Herrmann,
nach Entwürfen von Gunter Rambow, Berlin
Satz und Layout: S. Senkbeil, Berlin
Druck und Bindung: Nexus Druck, Frankfurt am Main
Printed in Germany

ISBN 3-8257-0342-8

Inhalt

Die schöne Jüdin

Kaum ein Volk wird in der Geschichte von anderen Völkern so kontrovers betrachtet wie das jüdische. Das spiegelt sich natürlich auch in den Literaturen dieser Völker wider. Mehr oder weniger freundlich – von den Juden abgestoßen auf der einen, unwiderstehlich hingezogen auf der anderen Seite – scheinen die Autoren gewesen zu sein, die über Jahrhunderte zu diesem Thema schrieben. In den verschiedenen Nationalliteraturen gibt es je nach Herkunft der Autoren Eigen- und Fremdbilder von den Juden und so auch von der jüdischen Frau. Sie stellen sich jeweils anders dar, je nachdem aus welcher Perspektive – ob aus der innerjüdischen oder aus der fremden – sie betrachtet werden, und sie setzen sich aus vielen unterschiedlichen Elementen zusammen.

Unter den zahlreichen, äußerst hartnäckigen Klischees, Mythen und Vorurteilen über die Juden trifft manch eines die jüdische Frau. In den beiden – Eigen- und Fremdbildern – spielt „die schöne Jüdin" eine herausragende Rolle. Dem Mythos von der schönen Jüdin liegen drei wesentliche Motive zugrunde, die in den Literaturen seit der Bibel bis zum heutigen Tag entwickelt wurden. Von der hebräischen Bibel über das Neue Testament und die Apokryphen haben die jüdischen und christlichen Autoren einige Frauengestalten zu vorbildhaften „Heldinnen" gemacht. Auf der anderen Seite wird die „schöne Jüdin" gerne und häufig in der Opferrolle gesehen, was auf gewisse Männer wohl wie ein Aphrodisiakum wirkte, und schließlich haben ihr vor allem männliche Autoren verführerische und gefährliche Eigenschaften angedichtet. Diese drei literarischen Stereotypen von der jüdischen Frau samt der Vorstellung von der „schönen Jüdin" sind erst in den letzten Jahren des 20. Jahrhunderts durch israelische Autorinnen obsolet geworden. Sie haben die „schöne Jüdin" entmythologisiert und auf den Boden der Realität zurückgeholt.

Mit der Vorstellung „die schöne Jüdin" assoziiert man häufig das, was in ihm vor allem impliziert ist: Begehrenswerte körperliche Schönheit, exotische Fremdheit, Neugier, die vor allem bei Judenfeinden bis hin zu sado-masochistischen Wunschträumen reichen.[1] Solche

---

1 Ähnlichen Stellenwert wie der Topos der „schönen Jüdin" hat in der Literatur der Mythos der „schönen Zigeunerin", wie er in der Gestalt Carmens seit der gleichnamigen Novelle von Prosper Mérimée (1845) insbesondere aber seit Georges Bizets 1875 uraufgeführten Oper tradiert wurde. Dazu vgl. zuletzt Almut Hille, „Lise, Euphemia ... Carmen! Die ‚schöne Zigeunerin' als männliche Imagination in der deutschsprachigen Literatur nach 1900", in: *Fremdes Begehren. Transkulturelle*

Assoziationen haben dazu geführt, daß neben dem Mythos des „häßlichen Juden" ein Klischee der „schönen Jüdin" entstand, welchem vor allem zwei verschiedene Aspekte – positive und negative –, Konnotationen, Nuancen oder Aussagen innewohnen. Die positiven Seiten dieses mythologischen Konstrukts oder dieser Sagengestalt waren die mit Schönheit gepaarte Intelligenz und Klugheit, welche von der damit gesegneten Frau z. B. zur Rettung ihres Volkes aus Bedrängnis eingesetzt wurden; die ihr angedichteten negativen Seiten hingegen, wie die angebliche verderbliche Macht, Arglist und Schläue, führten seitens der Judenfeinde zu Verschwörungsmythen, welche für die Juden selbst zur Todesfalle werden konnten und auch oft wurden. Die positiven Seiten wurden – so kann man pauschal sagen – von Judenfreunden, die negativen von Judenfeinden betont. Die eine Seite war kulturtragend und identitätsstiftend, die andere kulturfeindlich.

„Nulla ferre causa est, in qua non femina litem moverit" d. h. „Cherchez la femme!" oder eine Frau steckt hinter allem..., meinte schon der römische Satiriker Juvenal (um 60-128 n. d. Z.). Begonnen hatte ja alles bekanntlich mit der paradiesischen Eva, gefolgt von der jüdischen Urmutter Sarai, der späteren Sara, die so schön war, daß der Pharao sie begehrte und ihr Mann Abraham sie als seine Schwester vorstellte. Das half ihm, seine eigene Haut zu retten, denn als Ehemann der schönen Haremsdame wäre er seiner Haut nicht mehr sicher gewesen. Nur mit Gottes Hilfe ist alles noch mal gut gegangen und der Pharao hat von beiden abgelassen.

Die Macht der schönen Frauen, nicht nur der Jüdinnen, über die Männer, wie auch ihre List, waren legendär (bis hin zur Mata Hari und Co.). Die jüdische Frau, meist als erfolgreiche Verführerin von jüdischen wie nichtjüdischen Männern, war da nicht ausgenommen. Von der Mühe, die in der jüdischen Religionsausübung selbst darauf angewandt worden ist, die Männer vor der verderblichen Kraft des weiblichen Anblicks zu schützen, zeugt bis heute die Mechitza (die Trennung) oder die Frauenempore in den Synagogen. Und die jungen Talmudgelehrten wurden schon immer davor gewarnt, ihre Gedanken, oder, Gott bewahre, gar ihre Blicke, auf Frauen zu richten...

Die heiligen jüdischen und christlichen Schriften – von der Bibel über die Apokryphen bis hin zum Neuen Testament enthalten genug anziehendes aber zugleich auch „warnendes" Material für die männlichen Leser des Morgen- und Abendlandes: das „Hohe Lied", das „Buch Esther", die Geschichten von Yael und Sisera im Deboralied

---

Beziehungen in Literatur, Kunst und Medien, hrsg. v. Eva Lezzi und Monika Ehlers, Köln 2003, S. 82-94.

(Richter 5, 24ff.), David und Batseba (2. Samuel 11, 2-4), Judith und Holofernes (Das Buch Judith 10, 19f.), Salome und Johannes der Täufer (Markus 6,22), Susanna im Bade (Historie von der Susanna und Daniel) sowie später, im Talmud und vor allem im *Zohar*, dem Hauptbuch der Kabbala aus dem 13. Jahrhundert. Dort fand sich nämlich die schreckenserregende Dämonin Lilith als Adams erste Frau. Das Ende ihres verderblichen Wirkens als Hure, Mörderin von Neugeborenen, Hexe etc. wird erst mit der Ankunft des Messias beendet werden. Ein solcher Dämon taucht bereits in dem sumerischen Gilgamesch-Epos auf (verfaßt nach 2000 v. d. Z.), außerdem kommen weibliche Dämonen in den babylonischen, assyrischen, kananäischen, persischen, arabischen und sogar teutonischen Mythologien vor. Während jedoch die Lilith-Gestalt auch von männlichen jüdischen Autoren als gefürchteter Dämon abschreckend dargestellt wird, sehen sie die heutigen jüdischen Feministinnen seit etwa den 70er Jahren des 20. Jahrhunderts als die erste Frau überhaupt, die noch vor Adam geschaffen wurde, und als eine selbstbewußte, unabhängige weibliche Gestalt, die sich an ihren Unterdrückern rächt, während sie diejenigen, die sie gewähren lassen, freundlich behandelt.[2]

Es hat natürlich schöne und kluge Frauen in der Überlieferung auch bei anderen Völkern gegeben. Ihre Reihe ist lang: die Königin von Saba, die schöne Helena, Kleopatra, Scheherezade, Semiramis, die Polin Wanda usw. Doch gerade bei der Gestalt der „schönen Jüdin" spielte oft – wie auch bei ihrem Gegenteil, dem antisemitischen Konstrukt des häßlichen Juden[3] – die Mär von ihrer angeblichen zersetzenden, zerstörenden, ja tödlichen Macht eine Rolle, die den mythischen Gestalten innewohnte. So oszilliert die „schöne Jüdin" auf unterschiedlichen historischen Hintergründen zwischen Opfer- und Täteringestalt, als Heldin oder Verführerin, und sie läßt dabei selten die Erzähler wie die Leser kalt... Und so hat sie auch Jean-Paul Sartre in seinen *Überlegungen zur Judenfrage*[4] zur drastischen Darstellung des Verhältnisses eines Antisemiten zu einer jüdischen Frau verleitet:

---

2 So die amerikanische Rabbinerin Lynn Gottlieb in ihrem Buch: *She Who Dwells Within. A Feminine Vision of a Renewed Judaism*, San Francisco 1995, S. 73ff.

3 Dieser fehlte auch nicht bei Wilhelm Busch, der 1882 in seiner Bildergeschichte *Plisch und Plum* dichtete: „Kurz die Hose, lang der Rock,/Krumm die Nase und der Stock", und durch eine Zeichnung mit der Unterschrift „Das ist Schmulchen Schievelbeiner./ (Schöner ist doch unsereiner!)" seine Meinung unterstrich. Vgl. Robert Gernhardt, „Schöner ist doch unsereiner. Kommentar zur Gesamtausgabe der Werke von Wilhelm Busch nebst Klärung der Frage: War dieser Autor ein Antisemit?", in: *Süddeutsche Zeitung*, 27. August 2003, S. 14.

4 *Réflexions sur la question juive*, 1954, deutsch von Vincent von Wroblewsky, Reinbek bei Hamburg 1994, S. 33.

„In den Worten ‚eine schöne Jüdin' liegt eine besondere sexuelle Bedeutung, die sich stark unterscheidet von der einer ‚schönen Rumänin', ‚schönen Griechin' oder ‚schönen Amerikanerin'. Sie strömen so etwas wie einen Geruch von Vergewaltigung und Massaker aus. Die schöne Jüdin ist die, welche die Kosaken des Zaren an den Haaren durch ihr brennendes Dorf schleifen; die auf Schilderungen von Auspeitschungen spezialisierte Literatur räumt den Jüdinnen einen Ehrenplatz ein. Aber man muß nicht in pornographischer Literatur suchen. Von der Rebekka aus *Ivanhoe* bis zur Jüdin von *Gilles* über die Jüdinnen von Ponson du Terrail haben die Jüdinnen in den seriösesten Romanen eine wohl definierte Funktion, häufig vergewaltigt und geschlagen, gelingt es ihnen mitunter, durch den Tod der Schande zu entgehen, aber nur mit knapper Not; und die ihre Tugend bewahren, dienen untertänig oder lieben gedemütigt gleichgültige Christen, die sich mit Arierinnen vermählen. Mehr braucht es nicht, meine ich, um den sexuellen Symbolwert der Jüdin in der Folklore zu charakterisieren."

I. Die „Heldin"

Die heldenhaften jüdischen Frauen der Überlieferung waren meist, doch nicht immer, eindeutig positive Figuren. Sie ließen viel Raum zur Interpretation, weshalb sie zu einem beliebten literarischen und künstlerischen Sujet wurden. Diejenigen – insbesondere die biblischen Gestalten –, die sich für didaktische Zwecke verwenden ließen, wurden von christlichen Autoren „trotz" ihres Judentums verehrt, die anderen hingegen, die ambivalenten und problematischen, wie diejenigen Frauen, die zum Beispiel Mörderinnen ihrer Feinde waren, konnten je nach Bedarf umfunktioniert und entweder als positive oder negative Gestalten tradiert werden.

Eine der berühmtesten schönen Jüdinnen, um die sich Mythen ranken, ist die beliebte biblische Heldin Esther, die kluge und schöne zweite Ehefrau des persischen Königs Ahashverosh, von der die Juden am alljährlichen Purimfest in der Estherrolle lesen. Sie ist die mythologische Retterin ihres Volkes vor der Vernichtung, die sich der böse Wesir Haman vorgenommen hatte. Es gibt keine Zeugnisse dafür, daß sie eine historische Gestalt wäre, doch das stört in keinster Weise, im Gegenteil, denn der mit ihr verbundene, zumindest für die Juden positive Mythos, erlaubt, die Gestalt auszuschmücken und der ihr gewidmeten Erzählung jeweils Aktualität zu verleihen, denn an Feinden mangelt es den Juden in ihrer langen Geschichte leider Gottes nicht. So ist Esther auch eine der großen Heroinen des jüdischen Volkstheaters, das aus den Purim-Spielen entstand, und in dem alles, sogar ihre Gestalt, persifliert und, weil früher nicht anders erlaubt, von Männern gespielt wurde. Die Tradition der Purim-Spiele und Esther-Stücke lebt in der jüdischen Dramatik fort. Eine heute in den USA lebende jüdische Autorin, Elizabeth Swados, hat z. B. 1987 ein in der Tradition der Purim-Spiele stehendes Musical, *Esther. A Vaudeville Megillah*, geschrieben.[5]

Die Schönheit Esthers ging mit ihrer Klugheit, Frömmigkeit und Tugendhaftigkeit einher. So war sie für die Avancen seitens – auch mächtiger – Männer wie Haman unempfindlich und damit unverwund- und unbesiegbar. Auf diese Weise wurde sie auch von zahlreichen christlichen Schriftstellern und Künstlern zur Erbauung ihrer Leser als vorbildliche Heldin mit einem christlichen „Touch" porträtiert: Zu diesen zählt Federigo della Valles 1627 erschienene Tragödie *Ester*, und auch Jean Racine schuf 1688 seine Tragödie *Esther* für die (höhere) Mädchenschule Saint-Cyr der Madame der Maintenon. Bei der dortigen Erstaufführung dieses Stückes am 26. Januar 1689 waren der König Ludwig XIV. und drei hohe Kirchenmänner zugegen. Im Mittelpunkt des als „Tragödie" bezeichneten Stückes steht Gott selbst (der in der biblischen Esther-Rolle nicht erwähnt wird!), aber es ist ein menschliches Drama, wegen der Gefahr, die den Juden drohte, und die – mit Gottes Hilfe – abgewendet werden konnte. Racines erfolgreiche *Esther* wurde bis 1946 an der Comédie Française 230 Mal gespielt![6], und das, obwohl Voltaire – bekanntlich kein Judenfreund – es „eine uninteressante Geschichte" genannt haben soll. Racine hielt sich an die Heilige Schrift, wie auch schon vor ihm Lope Felix de Vega Caprio (1562-1635) in *La hermosa Esther* (1610) oder die weniger bekannten französischen Autoren: z. B. André de Revandeau in seinem *Aman* (1566), Pierre Mathieu in *Esther* (1578), Ville-Toussaint in *La belle Hester* (1620) u. a.

Nicht nur die Schriftsteller, auch die Musiker haben sich, wie der Komponist Georg Friedrich Händel (1685-1759), mit dieser Gestalt beschäftigt. Zu Händels Oratorien mit biblischen Themen (*Israel in Ägypten*, *Belsazar*, *Judas Makabäus*, *Messias*) gehört auch das 1720 in London komponierte und 1732 umgearbeitete Oratorium *Esther*. Händel hielt sich darin ebenfalls an den Text der Bibel.

Die Gestalt der Esther hielt sogar Einzug in die polnische Überlieferung.[7] So soll einer polnischen Chronik nach, die der Domherr Jan

---

[5] Cathy N. Davidson, Linda Wagner-Martin, *The Oxford Companion to Women's Writing in the United States*, New York, Oxford 1995, S. 440.

[6] Racine, *Esther, tragédie*, Classiques Larousse, Paris o. J.

[7] Vgl. zuletzt Maria Kłańska, „Ester und Esterke. Über einige Fassungen des polnischen Esterke-Stoffes in der Erzählprosa des 19. Jahrhunderts", in: Manfred Voigts, hrsg., *Von Enoch bis Kafka. Festschrift für Karl E. Grözinger*, Wiesbaden 200, S. 363-391.

Długosz im 15. Jahrhundert verfaßte, der polnische Piasten-König Kasimir der Große (1310-1370) eine jüdische Geliebte mit Namen Ester (Esterka) gehabt haben, die natürlich von außergewöhnlicher Schönheit gewesen sein und ihn dazu gebracht haben soll, die Juden Polens zu beschützen und ihnen Privilegien zu gewähren. Und bis heute gibt es im Krakauer Stadtteil Kazimierz[8], der von diesem König gegründet wurde, und in dem vor dem Zweiten Weltkrieg viele Juden lebten, eine Ester-Straße. Parallelen in dieser Geschichte zur biblischen Esther sind nicht zu übersehen und einige Historiker (Jacob Caro oder Ignacy Schipper) bestreiten den Wahrheitsgehalt der Legende, die in der polnischen Folklore und der Literatur jedoch hartnäckig weiterlebt.

Im 19. Jahrhundert wurde der Stoff literarisch und künstlerisch wieder entdeckt. Franz Grillparzer hat um 1829/30 bzw. 1839/40 ein Dramenfragment über die Gestalt der *Esther* geschrieben, das erst 1863 veröffentlicht und 1868 in Wien uraufgeführt wurde.[9] Es ist eine freie Bearbeitung des biblischen Stoffes. Seine schöne Esther ist schon modern, rebellisch, und sie dient dem Dichter als Argument für die Meinungs- und Religionsfreiheit und gegen die höfischen Intrigen im Habsburgerreich, die er verabscheute und damit bloßstellte.

Von der Gestalt der Esther möchte ich nun zu anderen schönen jüdischen Frauen übergehen, denn der Mythos der schönen Jüdin hat die Phantasie der Künstler und Schriftsteller von der Antike bis ins 20. Jahrhundert beflügelt. Und ich hoffe, daß auch das 21. Jahrhundert gegenüber der „schönen Jüdin" nicht gänzlich gleichgültig bleiben wird. Auch das werde ich noch ansprechen, denn das moderne, heutige Bild der schönen Jüdin hat sich verändert, verlagert. Doch zunächst möchte ich kurz in die Antike zurückkehren: Die heiligen jüdischen und christlichen Schriften – von der Bibel über die Apokryphen bis hin zum Neuen Testament enthalten, wie gesagt, genug interessantes bzw. „warnendes" Material für die männlichen Leser des Morgen- und Abendlandes: neben dem „Buch Esther" sind es das „Hohe Lied", die Geschichten von Yael und Sisera[10], von David und Batseba[11], Judith und Holofernes sowie Salome und Johannes dem Täufer. In der Ersten Geschichte hat Yael, die zwar eine Keniterin, doch offenbar eine Ver-

---

8 Die „Judenstadt" in Kazimierz gibt es erst seit 1495, als die Juden aus Krakau vertrieben wurden und sich dort niederließen, vgl. Majer Balaban, *Historja Żydów w Krakowie i na Kazimierzu 1304-1868*, Kraków 1931, Bd. 1, S. 95f., vgl. M. Kłańska, ebd., S. 367, Anm. 10.

9 Gunter Schäble, *Grillparzer*, München 2. Aufl. 1971, S. 116-120.

10 *Richter 4*, 15-23.

11 2. *Samuel* 11, 2-4.

bündete der Israeliten war, den kanaanitischen Hauptmann Sisera, den flüchtenden Bedränger Israels in ihr Zelt gelockt und ihn dann mit einem Pflock durch die Schläfe getötet. Seitdem hat Yael in der jüdischen Geschichte einen Ehrenplatz eingenommen, wie es in Deboras Siegeslied heißt: „Gepriesen sei unter den Frauen Yael, das Weib Hebers, des Keniters; gepriesen sei sie im Zelt unter den Frauen."[12]

In der Geschichte von David und Batseba[13] ging es um den Ehebruch des Königs David, der, als Spanner, vom Dach des Königshauses die Frau des Hetithers Uria, Batseba, beim Waschen beobachtet hatte. In der Bibel heißt es: sie „war von sehr schöner Gestalt". Der König ließ sie zu sich holen und sie wurde schwanger. David sandte daraufhin kurzerhand ihren Ehemann in einer Art Strafkompanie in die Schlacht, wo dieser – wie vom König geplant – den Tod fand. David konnte nun dessen Witwe zu sich holen, „sie wurde seine Frau" und gebar ihm einen Sohn. Batseba war gezwungen, ihm, dem König, zu gehorchen. Als ihr Mann starb, betrauerte sie den Tod ihres Mannes, dessen wahre Umstände ihr aber verborgen geblieben waren.

Die apokryphe Geschichte von Judith und Holofernes[14] ähnelt der von Yael und Sisera. Während der Belagerung ihrer Vaterstadt Baytulia ging die verwegene Judith, deren Mann Manasse kürzlich verstorben war, in das Lager des gegnerischen Feldherrn des Assyrerkönigs Nebukadnezzar, Holofernes, bezirzte ihn, bis er trunken war und schlug ihm dann in seinem Zelt den Kopf ab, woraufhin die Belagerer flohen. Im 17. Jahrhundert gab es mehrere Opern mit dem Sujet und in der bildenden Kunst nahmen sich von Donatello bis Gustav Klimt viele Maler der Judith-Gestalt an. Auf das dramatische Potential des Judith-Stoffes hatte insbesondere Luther[15] hingewiesen und somit dessen Dramatisierung im 16. Jahrhundert angeregt. So hatte sein Anhänger Hans Sachs (1494-1576), der keineswegs judenfreundliche Meistersinger und Dichter aus Nürnberg, der schönen und tugendreichen Witwe Judith in den Jahren 1551 und 1554 eine „Comedi" gewidmet, die dem apokryphen *Judith-Buch* folgt. Aber auch der kroatische Dichter Marko Marulic aus Split (1450-1542) widmete 1501 das erste kroatische gedruckte Werk, *Judita,* ein religiöses Epos, auf dem Hintergrund des Kampfes gegen die Türken. Während Holofernes als abstoßender, häßlicher und grausamer Mann dargestellt wird, verlieh der

---

12 *Richter* 5, 24.

13 2. *Samuel* 11, 2-4.

14 *Das Buch Judith* 10, 19f. Nach der Ausgabe: *Die Apokryphen und Pseudoepigraphen des Alten Testaments* in Verbindung mit Fachgenossen übersetzt und hrsg. v. Emil Kautzsch, Darmstadt 1962, Bd. 1, S. 155-162.

15 DTV-*Brockhaus*, Bd. 9, S. 114.

kroatische Renaissancedichter seiner von göttlicher Inspiration durchdrungenen Jüdin Judith alle positiven Attribute, einschließlich außerordentlicher Schönheit. Somit eignete sich die Gestalt der Judith, wie die der Esther, auch für die christliche Interpretation, wie sie schon in den Nachdichtungen der Geschichte im Mittelalter zu sehen waren (in der Steiermark im 12. Jahrhundert und in Thüringen im 13. Jahrhundert). So hatte auch Federigo della Valle 1627 neben seinem *Ester*-wohl aus Gründen der Moral auch ein *Judith*-Drama veröffentlicht, in dem er sich gleichfalls sehr streng an der biblischen Vorgabe orientierte.

Im 19. Jahrhundert wurden die biblischen Stoffe wieder populär. Friedrich Hebbel (1813-1863) verfasste eine ebenfalls an den apokryphen Text angelehnte „Tragödie" *Judith,* die 1840 in Berlin uraufgeführt wurde. Wie in den Apokryphen so auch bei Hebbel geht es bei der Heldentat Judiths zunächst um ein religiös-patriotisches Gefühl angesichts eines Aggressors, doch bei Hebbel tritt als Movens für Judiths Tat Rache für erlittene Demütigungen hinzu, wie es in den antiken Tragödien üblich war. Hebbels rachsüchtige Judith, von einer Witwe zur Jungfrau umgedeutet, fühlte sich zunächst zu Holofernes hingezogen, was dieser jedoch nicht zu würdigen vermochte. Hebbels Judith hatte dennoch große Resonanz und wurde von etlichen Nachfolgern rezipiert, allerdings nicht immer in seinem Sinne.

Als Parodie auf Hebbel wird z. B. Johann Nestroys (1801-1862) 1849 am Wiener Burgtheater uraufgeführte „Travestie mit Gesang" *Judith und Holofernes* bezeichnet. Es ist eine Antitragödie, eine Volkskomödie, mit einem widerlichen angeberischen „Übermenschen" Holofernes. Anstatt seines echten Kopfes, wird bei Nestroy ein Kopf aus Pappe „abgeschlagen", worauf jedoch die dummen und feigen Assyrer trotzdem fliehen. Aus Hebbels als fanatisch dargestellten Hebräern werden bei Nestroy geschäftstüchtige Wiener Juden des 19. Jahrhunderts, wobei das Stück keine antisemitischen Töne, sondern satirische und parodistische, anschlägt, wie die Literaturkritik hervorhebt.[16]

Im 20. Jahrhundert hörte es mit der Faszination der biblischen Heldinnen – von Esther über Susanna bis Judith – keineswegs auf. Der Franzose Jean Giraudoux (1882-1944) folgte in seiner Tragödie *Judith* von 1931 zwar Friedrich Hebbels Konzeption der menschlichen Motive hinter Judiths Tat, doch anders als bei diesem, liegt bei Giradoux[17],

---

16 *Kindlers Literaturlexikon*, Bd. 6, S. 5051ff.

17 Giraudoux war übrigens Germanist, arbeitete 1905 als Hauslehrer im Haus Sachsen-Meiningen in München und setzte sich für deutsch-französische Verständigung ein.

der moderne Probleme vor antikem oder biblischem Hinter grund behandelte, die Ursache des von der schönen Judith an Holofernes begangenen Mordes in dem Wunsch, ihre Liebesbeziehung mit ihm zu konservieren, da er sich ihr zu entziehen begonnen hatte. Neben den bisher genannten Dramatikern haben sich im 20. Jahrhundert etliche andere an diesem wohl sehr ergiebigen Stoff versucht, wie Georg Kaiser (1878-1945) mit seiner 1911 erschienenen „biblischen Komödie in fünf Akten“ *Die jüdische Witwe*, die 1921 am Landestheater Meiningen uraufgeführt wurde. Auch Kaiser parodierte Hebbels *Judith* und griff auf Nestroy zurück. Seine Judith war eine Nymphomanin, eine triebhafte Frau auf Männerjagd, was sicherlich sehr viel zur Komik des Stückes beitrug. Kaiser wollte mit seinem Stück auch gegen die blinde Übernahme von traditionellen Mustern protestieren, doch man darf vermuten, daß hier die Mär von der Macht jüdischer Frauen auf Männer zwar lächerlich gemacht wird, aber dennoch weiter wirken konnte. Die angeblich triebhaften jüdischen Frauen – sofern sie nicht zum Christentum übertraten – in frivolem Kontext darzustellen, war seit Grimmelshausens *Esther*-Episode bei deutschen Autoren Gang und Gäbe.[18]

Ganz anders war der Roman *Judith Finsterwalderin* von Peter Dörfler (1878-1955) aus dem Jahre 1916. Dörfler war katholischer Priester und Theologe. Sein Roman spielt in der Zeit nach dem Dreißigjährigen Krieg im schwäbischen Voralpenland. Judith, eine sehr schöne und bildungshungrige Frau, die sowohl die Züge der biblischen Judith wie auch der Jungfrau von Orleans trägt, rettet ihre Stadt vor der Feuersbrunst, die die Franzosen als Vergeltungsmaßnahme für die Tötung von drei Soldaten beschlossen hatten. Dörflers Judith handelt im Auftrag Gottes, denn sie ist tugendhaft und fromm.

Auch die jüdisch-orientalischen, d. h. sephardischen, Erzählungen bieten Mythen über die weibliche Klugheit und Macht, die für ihr Volk segensreich eingesetzt wurden. Eine der außergewöhnlichen Gestalten war Dahyia Cahena, die sogenannte „Königin der jüdischen Berber“, von der arabische Chronisten, wie Ibn Kaldun, berichteten.[19] Sie lebte von ca. 635 bis 700 im Bergland des heutigen Algerien, wohin sich die nordafrikanischen Juden vor den Verfolgungen durch die byzantinischen Christen zurückzogen. Dahyia soll von außergewöhnlicher Schönheit gewesen sein, und viele Bewunderer von nah und

---

[18] Hierzu s. besonders Florian Kobbs materialreiche Studie: *Die schöne Jüdin: jüdische Frauengestalten in der deutschsprachigen Erzählliteratur vom 17. Jahrhundert bis zum 1. Weltkrieg*, Tübingen 1993.

[19] Vgl. Gerda Hoffer, *Zeit der Heldinnen. Lebensbilder außergewöhnlicher jüdischer Frauen*, München 1999, S. 13-25.

fern hielten um ihre Hand an. Eine Legende berichtet, daß sich unter ihnen ein junger Prinz befand, dessen Grausamkeit allgemein bekannt und gefürchtet war. Um dessen Tun ein Ende zu bereiten, habe Dahyia seinen Antrag angenommen und ihn in der Hochzeitsnacht mit seinem eigenen kostbaren Dolch erstochen. Dann hörte sie von den Verfolgungen der Juden in Arabien durch Mohammed, der ihnen die Weigerung übel nahm, seine – neue – Religion anzunehmen. Sie wurde „Al Kahina", die Prophetin, genannt und soll eine Führerin ihres Stammes gewesen sein. Sie widersetzte sich den islamischen Plänen, die Berberstämme zu beherrschen, wurde ihre Anführerin mit dem Ruf einer Magierin und befehligte die Nomadenhorden gegen die große Armee des Kalifen von Damaskus unter dem General Hassan Ibn Numab Al Gassali. Als sie zur Schlacht erschien, erschraken die islamischen Krieger vor der „Hexe", und die Armee floh in Panik vor ihr. Dahyia soll danach als Despotin den ganzen Maghreb beherrscht haben, was aber zum Widerstand gegen sie führte, und als Hassan im Jahre 700 einen erneuten Angriff durchführte, bezwang und tötete er sie. Ironischerweise aber fielen gerade ihre Söhne als Generäle im Jahre 719 in Spanien ein und brachten die Iberische Halbinsel unter islamische Herrschaft, denn sie waren selbst zwischenzeitlich zum Islam übergetreten.

II. Das Opfer

Doch mit der literarischen Gestalt der „schönen Jüdin" verbinden sich nicht nur siegreiche Heldinnen, sondern auch viele unschuldig verfolgte Frauen, die jedoch nicht minder intensiv die Phantasie der Autoren beschäftigten. So wirkte gleichfalls sehr inspirierend auf männliche Künstler die apokryphe Geschichte der Susanna im Bade. Sie erzählt, wie die schöne und tugendhafte Susanna, Ehefrau eines reichen Juden, von zwei sie vergeblich begehrenden, verdorbenen, alten jüdischen Männern verleumdet und nur dank Gottes Gnade durch den jungen Daniel vor dem sicheren Tode gerettet wurde.[20] Die schöne Susanna war also ein Opfer wie auch Heldin. Aber anders als in den meisten Darstellungen, auf die das eingangs angeführte Zitat von Sartre anspielt, war sie kein Opfer von Fremden, sondern von rachsüchtigen alten Männern des eigenen Volkes. Dennoch oder vielleicht gerade deshalb war ihre Geschichte seit dem Mittelalter ein beliebtes

[20] Vgl. Zusätze zum Buch Daniel in der Septuaginta, *Apokryphen und Pseudoepigraphen* I, S. 182ff.)

Sujet. Ein englisches Stück *Epistill of Sweet Susane* wurde ihr im 14. Jahrhundert gewidmet, und ein Jahrhundert später wurde sie sogar von einem französischen Autor zu einer Heiligen stilisiert: *Une Vie de Saincte Susanne* (1470).[21] Die Susanna-Geschichte eignete sich ja vorzüglich zu religionsdidaktischen Zwecken, und so haben sich besonders viele europäische Renaissance-Künstler ihrer angenommen, ob es der Deutsche Sixtus Birk in seinem Drama *Susanna* von 1537, der holländische Humanist Georgius Marcopedius (etwa 1475-1558) oder der polnische Dichter Jan Kochanowski in seinem Epos *Zuzanna* (1562) waren. Stets stand sie – wie in England – für die „virtuous“ oder in Frankreich für die „chaste“, d. h. tugendhafte und reine Heldin, die bis ins 20. Jahrhundert nichts an ihrer Anziehungskraft verloren hatte. Ihr gutes Image war den graphischen Darstellungen sehr gut zuträglich, wie die Gemälde Rembrandts, Rubens', Paolo Veroneses oder Tintorettos Bild „Susanna und die Alten“ bezeugen. Daß man hier eine junge, schöne, jüdische Frau nackt – da beim Bade – zeigen und somit seine voyeuristischen Bedürfnisse befriedigen konnte, trug sicherlich zur Popularität dieser Gestalt in Europa bei.

Häufig jedoch blieb die „schöne Jüdin“ nur Opfer, ohne jemals die Heldenrolle zu erlangen, z. B. als Verführte und anschließend verspottete angebliche Mutter eines Messias, wie schon in der Geschichte von Hans Folz *Der falsche Messias* von 1485. Der Autor von judenfeindlichen Fastnachtspielen schildert darin, wie eine Jüdin von einem (nichtjüdischen) Studenten geschwängert wird. Nachdem man Mutter und Kind der jüdischen Gemeinde entreißt, werden beide getauft. Nicht nur hier verbreitete Folz antijüdische Schmähungen und Vorurteile, wie: „Juden sind dumm und verstockt, bösartig und unkontrolliert“.[22]

Die deutschen Jüdinnen-Erzählungen des Barock haben den Stoff verwendet, um die Bekehrung dieser „verstockten“ Juden voranzutreiben. Denn wer nicht an Christus glaubte, der war, wie Grimmelshausens Simplicius Simplicissimus, eine „Bestia“, bevor er zum „Christenmenschen“ wurde. Folgerichtig beschäftigte sich Grimmelshausen in seiner Geschichte *Das wunderbarliche Vogelnest* von 1672 mit dem „Aberglauben“ der Juden. Seine jüdische Frauengestalt, die „unbeschreiblich schöne Tochter Esther“ besaß „delicates Fleisch“ und bekehrte sich angeblich gern zum Christentum, dem überlegenen Glauben. Zu diesem Zeitpunkt, so Florian Kobb, hat sich die literarische Gestalt der „schönen Jüdin“ in der deutschsprachigen Literatur eta-

---

21 *Encyclopaedia Judaica*, Vol. 15, Jerusalem 1972.

22 Florian Kobb, ebd., S. 25.

bliert, aber die „Konversions"-Literatur blühte weiter, bis ins 19. Jahrhundert hinein.[23] Denn auch weibliche Autoren haben das Thema der Bekehrung zum Christentum für sich entdeckt, wie Charlotte Eleonore Wilhelmine von Gersdorf, Gattin eines geadelten ostelbischen Beamten. Sie verfaßte darüber zwei Romane: 1797 *Esther Raphael oder die Prosyliten* [sic!] und 1830 *Die Jüdin*. In dem Letzteren heißt es von der Tochter eines tscherkessischen Juden idealisierend:

> „Schönheit war das Erbteil der Tochter Israels, und die Reize des Morgenlandes umstrahlten sie [...] ihr schwarzes, flammendes und doch scharfes Auge mit den hochgewölbten, fein gerissenen Augenbrauen, mandelförmig gespalten, ihr griechisches Profil, der Blüthenmund mit echten Perlen besetzt, der hochgewachsene zierliche Bau des schönen Körpers, an dem von dem Scheitel bis zum kleinen circasischen Fuß kein Fehl, sondern das vollkommene Ebenmaß zu entdecken war, das Ganze dieser antiken und bezaubernden Schönheit fiel selbst den Gleichgiltigen dergestalt in die Augen, daß Mirjam wegen dem Anstaunen unbescheidener Blicke nur selten das Haus verließ, und nie ohne Regenhülle, Schleier oder Mantel die Gasse betrat." [24]

Die äußere Schönheit der keuschen Jüdin[25] ging mit ihrer inneren einher, welche es ihr ermöglichte, als gute Christin zu leben. Charlotte von Gersdorf hatte sicherlich die deutsche Lord Byron- und Griechenland-Begeisterung jener Jahre wie auch die Sehnsucht nach dem Orient geteilt, und Florian Kobb meint, daß junge Jüdinnen in der frühneuzeitlichen deutschsprachigen Literatur deshalb so beliebte Heldinnen gewesen seien, weil ihnen, im Gegensatz zu ihren Männern, durch ihre Schönheit ein höchst plausibles ‚Entréebillet' für die christliche Gesellschaftssphäre angedichtet werden konnte.[26] Die Aussage „Schönheit war das Erbteil der Tochter Israels" bestätigt das Fortwirken des Klischees der „schönen Jüdin" als Gegenpart zum Vorurteil des „häßlichen Juden", das die internationale antisemitische Literatur weiter verbreitete, denn nirgends ist von den gut aussehenden jüdischen Männern die Rede. So lautete z. B. der Schlachtruf polnischer Antisemiten noch vor dem Zweiten Weltkrieg: Die Juden ab nach Palästina, die Jüdinnen bleiben bei uns!

---

[23] F. Kobb, ebd., S. 26f.

[24] Ebd., S. 51.

[25] Die Frau muß sich laut jüdischer Moralliteratur „vor allen Männern dieser Welt verbergen", also darauf bedacht sein, keinen sexuell aufreizenden, sündhaften Anblick darzubieten, der bei Männern böse Gedanken hervorrufen könnte. Vgl. Ruth Berger, *Sexualität, Ehe und Familienleben in der jüdischen Moralliteratur (900-1900)*, Wiesbaden 2003, S. 107.

[26] F. Kobb, ebd., S. 53.

Seit der französischen Revolution und insbesondere seit der Aufklärung erlebte man den Auftritt jüdischer Frauen in den Salons und auf den Bühnen Berlins und Europas. Allerdings widerstanden sogar die klugen Berliner jüdischen Frauen der Romantik und Vormärz-Zeit – ob die in der Tat sehr schöne Henriette Herz, geborene de Lemos (1762/63?-1847), die sinnliche, später katholisch fromme Dorothea Schlegel, (geborene Brendel Mendelssohn, geschiedene Veit, 1764-1839) oder die eher wegen ihrer Intelligenz geschätzte Rahel Levin Varnhagen (1771-1833, laut Heinrich Heine „die geistreichste Frau des Universums") – dem subversiven Druck ihrer christlichen Umgebung nicht und ließen sich mit Hilfe ihres Freundes und Vertrauten Friedrich Schleiermacher evangelisch taufen. Schleiermacher (1768-1834), ein verwachsener Mann, der die Gesellschaft der schönen und gebildeten jüdischen Frauen genoß, war zugleich ein eifriger und erfolgreicher Missionar in den jüdischen Berliner Kreisen, denn er wollte die „Religion (d. h. die christliche) den Gebildeten unter ihren Verächtern" annehmbar machen.

Die Jüdin als Opfer von christlichen Bekehrungsstrategien war die eine Seite der Medaille, die andere war die körperliche Gewalt, die ihnen physisch, auch sexuell, durch christliche Männer zugefügt wurde. Jüdische Frauen als Opfer von Verführungen seitens christlicher Männer wurden zum häufigen Thema auch der jüdischen Literatur und Folklore. So gibt es zahlreiche jiddische Balladen aus Rußland oder der Ukraine[27], in denen ein christlicher Soldat ein bis dahin frommes jüdisches Mädchen verführt. Diese wird dadurch entehrt, wenn auch nicht immer schwanger, sie flieht mit ihrem Geliebten, bricht ihren Eltern das Herz und kehrt reumütig, gebrochen nach Hause zurück, wenn ihr Geliebter ihrer überdrüssig wird. Doch häufig sind ihre Eltern dann schon an ihrem Kummer gestorben, und so stirbt auch sie an ihrem Grab.

Der Topos der mit Schönheit einhergehenden Tugend wiederholt sich zwar bei verschiedenen legendären Gestalten, aber dieser für Juden positive Mythos wurde, wie so oft, von den Judenfeinden ins Negative verkehrt, da sich mit ihrer Gestalt für die Judenfeinde natürlich Gefahr verband, und so haben sie Weisheit oder Klugheit als bösartige List und Tücke ausgelegt. Auch Wilhelm Raabe (1831-1910) verfiel dem Mythos einer schönen Jüdin in seiner Erzählung *Die Holunderblüte* (1963/65). Raabes Geschichte ist etwas judenfreundlicher und seine jüdische Heldin ist sowohl als Opfer als auch

---

27 Das ist z. B. der Fall in vielen der von der jüdisch-sowjetischen Musikethnographin Sofia Magid in St. Petersburg gesammelten alten jiddischen Lieder, die sich an der Universität Potsdam befinden.

als angebliche Verführerin dargestellt. Darin verliebt sich ein junger deutscher Medizinstudent in ein Mädchen aus der Prager Judengasse, Jemima Löw, eine Nachfahrin des berühmten Golem-Schöpfers, des Kabbalisten Rabbi Löw. Auch sie übt eine unwiderstehliche Anziehungskraft auf ihn aus, trotz des „Schmutzes“ und des Gestanks, die ihm im Prager Ghetto angeblich entgegenschlugen (das Gleiche berichtete Goethe über das Frankfurter Judenghetto, das ihn dennoch anzog), und der Medizinstudent klagte: „Überall verfolgte mich die kleine Hexe aus der Judenstadt, Jemima Löw“. Als er sich jedoch nicht zu einer Ehe mit ihr entschließen kann und sich ihr durch die Flucht aus Prag entzieht, stirbt die Verlassene, die einen Herzfehler hatte, was dem Medizinstudenten nicht unbekannt war. Von Sehnsucht und Gewissensbissen getrieben, kehrt der Held nach Prag zurück, nur um ihr Grab zu finden. Das schlechte Gewissen wird zwar von ihm verdrängt, plagt ihn fortan dennoch Zeit seines Lebens.

III. Die „Verderberin“

Daß jüdische Frauen auch Macht über nichtjüdische Männer auszuüben vermögen, blieb den jüdischen Autoren nicht verborgen, zumal der Zauber der „schönen Jüdin“ für nichtjüdische Männer äußerst gefährlich gewesen zu sein scheint. Das unlautere Begehren dieser Männer wurde jedoch – mit Gottes Hilfe – bestraft, wie wir aus einer Schrift Rabbi Jehuda He-Hasids (des Frommen) aus Regensburg (13. Jahrhundert) erfahren.[28] Darin gibt es eine diesbezügliche Geschichte von einem nichtjüdischen Zauberer, der „am Jom Kippur, wenn er schöne Jüdinnen sah, sie in Eselinnen verzauberte und in sein Haus verschleppte. In der Nacht verwandelte er sie wieder in Frauen und legte sich zu ihnen...“ Dafür wurde er von einem jüdischen Wundermann, einem Ba’al Schem, dem diese Macht von Gott gegeben ist, bestraft: Dieser Ba’al Schem ist vor des Zauberers Haus getreten und hat ihn gerufen. Der neugierige Zauberer streckte daraufhin seinen Kopf aus dem Fenster, um zu sehen, was sich auf der Straße abspielt. Da haben sich die Mauern um seinen Hals zugezogen, und er mußte in Todesangst seine Untat zugeben. Danach erdrückten ihn die Mauern, so daß sein Kopf auf die Straße fiel. Aber nicht immer war den Judenfeinden ein solches Ende beschert.

---

[28] In der Moskauer Handschrift seines Kommentars zur Tora, vgl. Karl E. Grözinger, „Jüdische Wundermänner in Deutschland“, in: *Judentum im deutschen Sprachraum*, hrsg. v. ders., Frankfurt a. M. 1991, S. 193.

Besonders viele nichtjüdische Künstler wurden von der Gestalt einer todbringenden schönen Jüdin par excellence angeregt, nämlich der Salome aus der neutestamentarischen Geschichte um Salome und Johannes dem Täufer[29]. Salome soll die Tochter der Herodias und Stieftochter des umstrittenen jüdischen Königs Herodes Antipas, Tetrarch von Galiläa zur Zeit Jesu und Sohn von Herodes dem Großen (um 72 v. d. Z. - 4 v. d. Z.), gewesen sein. Sie soll ihren Stiefvater, dessen Gunst sie durch ihren Tanz gewonnen hatte, auf Anstiften ihrer Mutter um das Haupt Johannes des Täufers gebeten haben, was ihr auch gewährt wurde. Über Salome haben mehrere bekannte Autoren Werke geschrieben, wie der homosexuelle Ire Oscar Wilde (1854-1900), der 1893 auf französisch die Tragödie *Salome* verfaßte, welche in England bis 1931 verboten war (sic!)[30]. 1905 hat sie Richard Strauss (1864-1949) als Oper vertont.[31] Hermann Sudermann (1857-1928), ein ostpreußischer Naturalist, dem man eine Zeitlang einen gleich hohen Rang wie Gerhart Hauptmann zusprach, schrieb 1898 die Tragödie *Johannes,* wobei es hier natürlich auch um dessen Verderberin Salome ging. Manche Literaturinterpreten versuchten auch die von dem früh an Tuberkulose verstorbenen englischen romantischen Dichter, John Keats (1795-1821), 1819 gedichtete Ballade *La Belle Dame sans merci* (Die schöne Dame ohne Gnade) mit dem Salomé-Thema zu deuten[32], was aber nicht nachweisbar ist.

Eine Oper über Salome komponierte 1881 auch der französische Komponist Jules Massenet (1842-1912), wobei als berühmte Interpretin der Salomé-Gestalt auf der Pariser Bühne Sarah Bernhardt, selbst eine „schöne Jüdin", zu bewundern war.[33] Schon Lucas Cranach malte Salome als kaltherzigen Rotschopf, doch noch züchtig gekleidet, den abgeschlagenen Kopf des Johannes auf einem Tablett haltend[34], während die Jugendstil-Maler des Erotischen wie Gustav Klimt (1862-1918), Leiter der Wiener Sezession, oder der erwähnte Wilde-Illustrator Audrey Beardsley sowie viele weniger bekannte Künstler Sa-

---

[29] *Markus Ev.* 6, 22.

[30] Wildes *Salome* wurde ins Englische 1895 durch seinen Lebensgefährten Lord Alfred Douglas übersetzt; (deutsch 1903) und durch Audrey Beardsley (1872-1898) illustriert.

[31] Aber dessen Nähe zu Richard Wagner und zu den Nationalsozialisten bewirkte übrigens, daß Strauss zu den wenigen in Israel nicht gespielten Komponisten gehört.

[32] Keats richtete sich hierbei nach dem gleichnamigen Gedicht des mittelfranzösischen Dichters Alain Chartier von 1424.

[33] Die von Victor Hugo als „göttliche Sarah" apostrophierte Tragödin hieß eigentlich Rosine Bernhardt und lebte von 1844-1923.

[34] Vgl. Band zur Hamburger Ausstellung *Lucas Cranach, Glaube, Mythologie und Moderne*, Ostfildern 2003.

lome, die blutrünstige und männermordende Schönheit, äußerst dekorativ und anziehend, meistens barbusig tanzend, darstellten.

Der Mythos der „schönen Jüdin" hatte aber, wie schon gesagt, eben auch ausdrücklich negative Aspekte. Die Antisemiten des 19. Jahrhunderts hatten neben dem „häßlichen Juden" die „schöne Jüdin" als einen ergiebigen, jedoch judenfeindlichen literarischen Stoff entdeckt. Die deutschtümelnden Romantiker waren da nicht ausgenommen. So veröffentlichte 1819 Achim von Arnim – zusammen mit Clemens Brentano, Mitautor der berühmten Sammlung deutscher Volkslieder, *Des Knaben Wunderhorn* – die phantastische Erzählung *Die Majoratsherren*, in der die an sein Haus angrenzende Judengasse den nichtjüdischen Helden auf geheimnisvolle Weise anzieht. Er verliebt sich in die schöne Jüdin Esther, die aber eigentlich, wie Recha in Lessings Drama *Nathan der Weise*, eine schöne Christin ist, die von einem jüdischen Mann an Tochters statt aufgezogen wird. Ihre böse jüdische Stiefmutter Vaschti ist aber eine Hexe (Achim von Arnim scheint hier mit der Purim-Geschichte seine Probleme gehabt zu haben) und, nach einer Verschwörung, die sie, in der „ominösen Sprache der Juden", auf Hebräisch [sic!], ausheckt, ermordet sie die schöne Esther, die Erbin ihres verstorbenen Mannes, um sich seines ganzen Vermögens samt dem verarmten nichtjüdischen Majoratshaus zu bemächtigen, das sie in eine Salmiakfabrik verwandelt! Hier ist auch schon der Sieg des jüdischen Kapitals über den – verarmten – deutschen Adel impliziert, ein Thema, das seit dem Ende des 19. Jahrhunderts dem Antisemitismus zusätzliche Nahrung bot.

Die christlichen Männer – so scheint es – pflegten sich scharenweise in schöne Jüdinnen zu vergucken, dabei haben sie aber, da sie wohl aus Gewohnheit auf die Juden insgesamt herabsahen, auch diese von ihnen angebeteten Frauen gönnerisch und hochmütig behandelt. In *Des Knaben Wunderhorn* gibt es ein Gedicht „Die Judentochter", in dem es heißt: „Es war eine schöne Jüdin/Ein wunderschönes Weib/ Sie hatt eine schöne Tochter/Ihr Haar war schön geflochten/ Zum Tanz war sie bereit..." Diese hatte sich in einen Nichtjuden verliebt, doch, verstockt wie sie war, statt der Taufe, den Freitod gewählt. Und Arnims Freund und Schwager Clemens Brentano, der Bruder der judenfreundlicheren Bettine von Arnim, schrieb 1811 das Märchen *Gockel Hinkel Gackaleia*, in dem gleich drei betrügerische Juden der Familie von Gockel das Leben schwermachen und sie in den Ruin treiben. In diesem Kontext und Klima konnte schwerlich eine positive jüdische Frauengestalt gedeihen.[35]

Eine der bekanntesten Bearbeitungen dieses Themas ist Franz Grillparzers Drama *Die Jüdin von Toledo* (1855, nach dem Stück des spanischen Dramatikers Lope de Vega). Darin betört die leichtfertige schöne Jüdin Rachel den König, der ihretwegen seine christlich-fromme und wohl reizärmere Gattin samt seinen kleinen Kindern vergißt. Über die Jüdinnen sinniert er dennoch: „Die Weiber dieses Stamms sind leidlich gut sogar/allein von engem Wuchersinn". Aber nachdem der König mit ihr seinen Spaß gehabt hatte, läßt er zu, daß die jüdische Geliebte auf Befehl der Königin ermordet wird und stellt sich selbst als ihr armes verhextes Opfer dar: „Ein böser Zug um Wange, Kinn und Mund,/Ein lauernd Etwas in dem Feuerblick/Vergiftete, entstellte ihre Schönheit." So wird die jüdische Frau zur Ware und dann zum Sündenbock. Der König kann sich von seiner Schuld reinwaschen, denn Böses gehört ja bestraft. Seine verhängnisvolle Liebesaffäre hat für ihn keine Konsequenzen und der Mord an der schönen Jüdin bleibt ungesühnt.

Mit dem *fin de siècle*, bis ins 20. Jahrhundert hinein, wurde die schöne Jüdin bei männlichen Autoren zu einer gefürchteten *femme fatale.* So findet die Liebesgeschichte zwischen der mondän-dämonischen Jüdin Hanna Elias und dem deutschen Künstler Gabriel Schilling in Gerhart Hauptmanns (1862-1946) Drama *Gabriel Schillings Flucht* von 1905/6 (1912 erschienen) ein ebenso tragisches Ende wie in den Geschichten der Romantik. Der zwischen einer unglücklichen Ehe und einer zermürbenden Beziehung hin- und hergerissene Künstler, der die Inspiration nicht mehr finden kann, wählt den Freitod im Wasser. Im Grunde soll aber Hanna Elias schuld daran sein. Sie – wie Lilith und andere dämonische weibliche Gestalten – ist es, die dem Mann den Tod bringt. Der schlesische Dramatiker Gerhart Hauptmann, der sich, wie es heißt „1933 vom nationalistischen Gedankengut beeindrucken ließ" und sich mit den Nationalsozialisten arrangierte, hatte hier den antisemitischen deutschen Schlachtruf Treitschkes „die Juden sind unser Unglück!" offenbar literarisch verkleidet. Dieser hallte bis zum Hitlerreich nach. Und so ist während der Zeit des Nationalsozialismus den schönen Jüdinnen nicht nur die Schönheit, sondern auch das Leben geraubt worden. Um den deutschen Mann vor der Versuchung der „Rassenschande" zu bewahren, dichtete man den jü-

---

[35] Vgl. Elvira Grözinger, „Das Bild des Juden in der deutschen Literatur vom Mittelalter bis heute. Stereotype und Vorurteile", in: Senatsverwaltung für Schule, Jugend und Sport, *‚Jugend mit Zukunft'. Sonderprogramm gegen Gewalt. Teilprogramm: Berlin-Jerusalem,* Berlin 1996, S. 51-59.

dischen Frauen allerlei Krankheiten und Hygieneverletzungen an, und die Nazi-Karikaturisten zeichneten nicht mehr nur abstoßende jüdische Männer, sondern auch häßliche jüdische Frauen, mit Hakennasen, wulstigen Lippen und schwarzem Kraushaar als Gegensatz zum nationalsozialistischen „arischen“ Schönheitsideal. Um überleben zu können, mußten die jüdischen Frauen in dieser Zeit über gute gefälschte Papiere sowie gutes „arisches“ Aussehen verfügen, d. h. blond und blauäugig sein, wie die Heldin des polnischen Romans von Andrzej Szczypiorski aus dem Jahre 1986 *Die schöne Frau Seidenman*, welcher hierzulande bezeichnenderweise zum Bestseller wurde.

IV. Die Entzauberung der Klischees

Das jüdische Eigenbild der Jüdin besteht seit der Bibel aus ganz anderen Komponenten als der körperlichen Schönheit, welche im Vordergrund standen. Das Ideal einer jüdischen Frau bedeutet, eine tugendhafte „Eschet hayil“ zu sein, die Hüterin des Hauses und der Familie, der zusätzliche Attribute wie fromm, keusch, gütig, tüchtig, gerecht, arbeitsam, mildtätig, eine gute Mutter, treue Ehefrau, fürsorgliche Tochter zugesprochen wurden. Diese Sicht war aber offensichtlich auch einem Autor, der als „Judenfreund“ galt, fremd. So beschrieb der österreichische Populärschriftsteller Leopold von Sacher-Masoch (1836-1895), der als Nichtjude ein großes Interesse und eine starke, doch nicht ganz ambivalenzfreie, Affinität für alles Jüdische empfand, in seiner galizischen Geschichte *Don Juan von Kolomea* eine jüdische Schankwirtin, indem er verschiedene Klischees zusammenträgt:

> „Die Jüdin horchte, sah auf ihn, legte das schlafende Kind auf den Ofen und trat an den Schenktisch. Sie war schön, als Moschku sie heimführte, ich wette darauf. Jetzt ist alles so befremdend scharf in ihrem Gesichte. Schmerzen, Schande, Fußtritte, Peitschenhiebe haben lange in dem Antlitz ihres Volkes gewühlt, bis es diesen glühend welken, wehmütig höhnischen, demütig rachelustigen Ausdruck bekam. Sie krümmte ihren hohen Rücken, ihre feinen, durchsichtigen Hände spielten mit dem Branntweinmaß, ihre Augen hefteten sich auf den Fremden. Eine glühende, verlangende Seele stieg aus diesen großen schwarzen wollüstigen Augen, ein Vampir aus dem Grab einer verfaulten Menschennatur, und saugte sich in das schöne Antlitz des Fremden.“[36]

---

[36] Leopold von Sacher-Masoch, *Mondnacht. Erzählungen*, Berlin 1991, S. 28.

Ganz anders, und eher im Sinne der obengenannten Attribute, schildert der jüdische Autor Max Brod in seinem Roman *Jüdinnen* von 1915 die junge Jüdin Olga:

> „Sie ging und kam. Mit dem Ellbogen stieß sie die Türe auf, um dann querstehend, die Arme beladen mit all den Geräten der Mahlzeit, durch die Offnung [sic!] zu gehen. Breit waren ihre Schultern, und voll gerundet, der Rücken stark,die glänzenden schwarzen Haare in vielen Zopfflechten, dikke Kreise um den Kopf geschlungen. Und erschien sie dann wieder, wie leuchteten ihre Augen und die dunkelroten Flecken auf ihren Wangen, die sich auf einem hellen Grund zu gesunder blühender Farbe zusammenschlossen, zu einer einzigen Fläche. Diese Flecken, bis an die Nase vorgeschoben, schienen wie Ausbrüche von Kraft, von innerer Tüchtigkeit, wie ein stetiges Erröten. Der Busen, schon ganz frauenhaft, wölbte sich hoch und fest unter der leichten rosa Negligéjacke, ganz leise zitternd bei jedem Schritt, und ihr glückliches Lächeln schien zu verraten, daß sie sich dieser Bürde stolz, doch darum nicht minder schamhaft bewußt war...“[37]

Zwar sind die jüdischen Autoren ihren jüdischen Frauengestalten gegenüber weniger aggressiv, dennoch – als Männer – nicht minder „befangen“, ob es der israelische Schriftsteller Yoram Kaniuk ist, als Autor des Romans *Tante Schlomzion die Große* (1976, deutsch 1995), die nebenbei auch die Schöne ist; ob Meir Shalev mit seiner Judith, „eine starke Type“, aus dem Roman *Judiths Liebe* (1994, deutsch 1998), oder Amos Oz beziehungsweise sein Landsmann Abraham B. Jehoschua mit ihren Geschichten von schwierigen Ehefrauen. Eine idealisierte Gestalt im traditionellen Sinne ist noch die fromme und wohltätige Tehilla aus der gleichnamigen Erzählung von Samuel Josef Agnon, dem einzigen Nobelpreisträger hebräischer Literatur (1888-1970), von der es heißt: „Sie war gut und weise und demütig und liebenswürdig.“[38] Wenn man aber z. B. die Werke von dem Nobelpreisträger der jiddischen Literatur, Isaak Bashevis Singer (1904-1991) oder seinem Bruder Israel Josua Singer (1893-1944) liest, so empfinden etwa feministisch eingestellte Leserinnen viele von deren Frauengestalten, die von ihnen häufig dämonisiert werden, als negative Projektion. Vor allem sind Isaak Bashevis Singers Frauengestalten als „femme fatale“, „Nymphomanin“ oder „Hure“ oft ein Pendant zu den jüdischen Verderberinnen nichtjüdischer Autoren. Ganz anders wiederum zeichnete Hinde Esther Kreitmann, geborene Singer (die Schwester der beiden, 1891-1954) ihre autobiographische Frauenfigur

---

[37] Max Brod, *Jüdinnen*, Leipzig 1915, S. 262f.

[38] In: *In Davids Laube. Erzählungen aus Israel,* Aus dem Englischen von Johannes Piron, München 1969, S. 51.

Deborah in ihrem Roman *Der sheydim-tants* (Tanz der Dämonen) von 1936.[39] Deborah versucht darin, wie Jentl, die Heroine ihres Bruders, dem engen Horizont eines streng religiös erzogenen Mädchens im osteuropäischen Schtetel zu entfliehen, was ihr erst nach harten Kämpfen und auch nur bedingt gelingt. Es ist ein Protestroman, voller Auflehnung gegen die Beschränkungen, welche die traditionelle intolerante Erziehung jüdischen Frauen aufzwängte.

Als Auflehnung gegen die überkommenen Frauenbilder kann man auch die gegenwärtige israelische Literatur von Frauen verstehen, die gegen Ende des 20. Jahrhunderts zutage trat. Israelische Schriftstellerinnen setzten sich durch und dem Mythos der schönen Jüdin ein Ende. Die „neue" – „schöne" – Jüdin bzw. ihre minder schönen Schwestern haben seither nicht mehr oder weniger positive bzw. negative Züge als die nichtjüdischen Frauen- oder Männergestalten. Die heutigen israelischen Autorinnen beschäftigen sich nicht mehr mit traditionellen jüdischen Stoffen oder biblischen Frauen – keine Esther, Judith oder sonstige Heldinnen interessieren sie –, sondern nur Frauen, die wie sie selbst, entweder mitten im Leben stehen oder Eigenschaften haben, die bisher literarisch als solche nicht eigentlich thematisiert wurden. Israelische Schriftstellerinnen haben in den letzten Jahren eine bis dato ungekannte Menge an hervorragenden literarischen Werken hervorgebracht, und sie haben häufig Frauen als Heldinnen ihrer Romane und Erzählungen. Die Tatsache, daß jüdische Frauen „die Feder selbst in die Hand genommen haben", hat nachhaltige Auswirkungen auf das Bild der jüdischen Frau, das damit einem radikalen Wandel unterworfen wurde.

Angefangen hatte dies mit Yael Dayan (geb. 1939), der Tochter des Generals Moshe Dayan und späteren israelischen Politikerin, die mit 19 Jahren ihren ersten Roman[40] veröffentlichte. Damit begann, wie Anat Feinberg schreibt, „eines der überraschendsten und interessantesten Phänomene der hebräischen Literatur von heute – wenn nicht das faszinierendste überhaupt [...] – die anhaltende Flut von Prosawerken, die von Frauen geschrieben wurden."[41] Yael Dayans seinerzeit in Deutschland vielgelesener weiterer Roman *Ich schlafe mit meinem Gewehr*[42] enthielt viele autobiographische Züge und setzte sich kri-

---

[39] Esther Kreitmann, *Deborah. Narren tanzen im Ghetto*, übersetzt von Abraham Teuter, Frankfurt a. M. 1985.

[40] Er machte Furore, als er auf englisch unter dem Titel *New Face in the Mirror* erschien.

[41] *Rose unter Dornen. Frauenliteratur aus Israel*, hrsg. v. Anat Feinberg, Gerlingen 1993, S. 7.

[42] München (Goldmann Taschenbücher), o. J.

tisch mit dem Militärdienst auseinander, zu dem bekanntlich in Israel auch junge Frauen herangezogen werden. Ihrer Heldin Ariel, die stolz auf ihre Ähnlichkeit mit dem Vater ist, geht es um „Macht“ über andere, sie mag „imponieren“ und „dirigieren“. Das waren keine traditionellen weiblichen Tugenden, um die es ihr ging. Als ernste Autorin anerkannt ist Yael Dayan nicht, doch ihre Bücher bedeuteten damals einen Tabubruch und einen Anfang von neuer israelischer Literatur aus weiblicher Sicht.

Die Heldinnen der israelischen Frauenliteratur der Gegenwart sind selten schön, sie sind sogar oft nicht einmal liebenswürdig, doch sie gehen ihren Weg und erreichen vieles auf ihre Art. Z. B. ist Lisi Badichi, die grob gebaute Provinzjournalistin und Detektivin aus den populären und auch ins Deutsche übersetzten Kriminalromanen von Shulamit Lapid, unschön aber sympathisch. Schulamit Lapid, 1934 in Tel-Aviv geboren, thematisiert zwar das Aussehen ihrer Heldin immer wieder, doch keinesfalls schmeichelhaft, so z. B. in dem Roman *Lokalausgabe* (dt. 1995). Die weibliche Schönheit wirkt sekundär, sie wird unwichtig, wenn andere Eigenschaften an ihre Stelle treten:

> „Niemand wußte, wann Lisi Badichi bei der Party von Hornsticks erschien und mit wem sie kam, und es interessierte sich auch niemand dafür, daß sie dort war, denn sie war keine Frau, die man groß bemerkte, obwohl man sie nicht gerade als leicht zu übersehen bezeichnen konnte – nicht mit ihren großen platten Füßen, die aussahen wie die Flossen eines Seehundes, und nicht mit ihrem großen Busen, der jeden, der es vielleicht vergessen haben könnte, daran erinnerte, daß es so etwas wie Schwerkraft auf der Welt gab, und nicht mit ihrer Art zu sprechen...“ (S. 5)

Dennoch kann sich Lisi, der es trotz dieser Schönheitsmängel an Charme und Herzenswärme nicht mangelt, in der frauenfeindlichen, journalistischen, männerdominierten Welt, die das Abbild der machohaften israelischen Gesellschaft selbst ist, behaupten.

Auch ist Dr. Dolly in Orly Castel-Blooms umstrittenem Roman *Dolly City* keine nette Person. Während sich Lisi, als positive Heldin, mit Intelligenz durchsetzen kann, schockiert die Letztere, eine surrealistische Karikatur der Mutterliebe, durch Grausamkeit und bekommt, ob als Ärztin, Hundebesitzerin oder Mutter, monsterhafte Züge. Über ihr Aussehen erfährt der Leser wenig, denn die Ich-Erzählerin schildert zwar andere Frauen (meistens Zigaretten rauchend), sich selbst aber nicht. Orly Castel-Blooms (Jahrgang 1960) Figuren dieses Romans sind allesamt wie aus einem Alptraum. So ist auch die weibliche Heldin allen anderen Helden gleich, sie genießt keine Gnade, keine bevorzugte Behandlung, und nicht einmal die Schönheit wird ihr zuteil.

Shifra Horn, eine weitere israelische Autorin der Gegenwart (geboren 1951), räumt in dem Roman *Die schönste aller Frauen* von 1998 mit ihrer Heldin, der fetten, doch offenbar begehrenswerten Rosa ebenfalls gründlich mit dem Mythos der „schönen Jüdin“ auf. Es ist eine märchenhafte Geschichte, ohne ein glückliches Ende, doch Rosa, die dem orientalischen Schönheitsideal entspricht und die dickste Frau in ganz Israel ist, wurde bereits mit vierzehn Jahren vom Kinobesitzer Josef verführt, woraufhin sie ihn heiratete. Ihm, der verrückt geworden ist, folgten noch zwei weitere Ehemänner, die alle Rosas ungewöhnlichen Reizen erlagen.

Als letzte Autorin möchte ich die in Deutschland wohlbekannte israelische Schriftstellerin Batya Gur, Jahrgang 1947, erwähnen. 1996 erschien in deutscher Übersetzung ihr Roman von 1994, *So habe ich es mir nicht vorgestellt.* Die Protagonistin ist Joela, eine Jerusalemer Gynäkologin, der eine junge Patientin vorgestellt wird, Henia, ein Mädchen aus dem ultraorthodoxen Teil Jerusalems, Mea Shearim. Es stellt sich heraus, daß dem in diesen Kreisen wegen ihres Alters nun heiratsfähigen Mädchen jedoch sowohl die weiblichen als auch die männlichen Geschlechtsorgane fehlen, weshalb ihr – als einem quasi Monster, einer Gottesstrafe – die Ausstoßung droht. Die Mauern des Schweigens und der Isolation sind auch für die Ärztin undurchdringbar. Das Mädchen wird von ihrer Familie aus Jerusalem an einen unbekannten Ort gebracht und von jeglicher Therapiemöglichkeit abgeschottet, was die bis dahin erfolgreiche Ärztin als ihre eigene Schuld und ihr Versagen empfindet und sie aus dem Gleichgewicht bringt. Den Hintergrund bildet der Konflikt zwischen dem säkularen und dem ultraorthodoxen Teil der israelischen Bevölkerung mit ihren unterschiedlichen Lebensweisen und dem ungleichen Status der Frauen.

Die ältere Literatur, in der es um die „schöne Jüdin“ ging, war, wie wir gesehen haben, selten angenehm, oft verstörend. Die heutige israelische Literatur, in der es nicht mehr um eine „schöne Jüdin“ geht, ist es nicht minder. Woran mag dies liegen? Ist es eine Reaktion auf die frühere Literatur von der „schönen Jüdin“, wenn sich insbesondere israelische weibliche Autoren heute oft Frauengestalten ausdenken, denen man gerne aus dem Weg gehen möchte, wie Dolly oder wie Rosa? Die alten Mythen von der „schönen Jüdin“ sind verschwunden, nachdem sie entlarvt wurden. Die neue Grausamkeit, die sich in der heutigen israelischen Frauenliteratur bemerkbar macht, verwundert und erschreckt ob ihrer Radikalität, Kompromiß- und Ausweglosigkeit. Wohin dies führt, muß man abwarten, aber um es zu erfahren, müssen wir – Männer und Frauen – die Bücher der israelischen Autorinnen lesen.

„Judenmauschel“. Der antisemitische Sprachgebrauch und die jüdische Identität

„Und wenn der Vater bei seinem Kind eines jener Wörter, eine jener Gebärden entdeckte, die er nur allzu gut kannte, da sie die seiner Großeltern waren, sagte er: laß das sein, das ist jüdisch!“

(André Spire)[1]

Die jüdische Identität ist unter anderem eng mit der eigenen Sprache, dem Hebräischen, verwoben, das während der zwei Jahrtausende dauernden Diaspora die Juden auf der ganzen Welt miteinander verband, denn sie konnten stets auf diese ihre Sprache der Bibel, des Talmud und der Gebete zurückgreifen und international miteinander kommunizieren. Dieses für ihre ‚Wirtsvölker' fremde, unverständliche und andersartige Kommunikationsmittel war jenen aber seit jeher suspekt, weshalb es wiederholte Bemühungen seitens der christlichen Obrigkeit gab, jüdische religiöse Schriften zu verbieten oder zu vernichten. Die Angriffe auf diese religiöse Bildungssprache erstreckten sich später auch auf die Alltagssprache des aschkenasischen Judentums, Jiddisch oder Judendeutsch,[2] und gehörten fortan unter dem Stichwort „Mauschel“ unzertrennlich zum judenfeindlichen Repertoire bis hin in unsere jüngste europäische Geschichte.

Da das Jiddische aus dem Mittelhochdeutschen entstanden und mit hebräischen Elementen durchsetzt war, erschien es der deutschen Bevölkerung als verdorbenes Deutsch. Nachdem die Juden meist als Flüchtlinge vor Verfolgungen aus Deutschland nach Polen und Rußland gingen, erweiterten sie ihren Wortschatz um slawische Ausdrükke, die, wenn sie als „Ostjuden“ nach Deutschland zurückkamen, den Eindruck des „Kauderwelschs“ oder „Jargons“ noch verstärkten. Jede Muttersprache ist meist lebenslänglich stigmatisierend und kann als ‚Schibbolet' dienen. Einen Akzent wird man gewöhnlich sehr schwer

---

1 Zit. n. Alain Finkielkraut, *Der eingebildete Jude*, München 1982, S. 65. Vgl. meinen gleichnamigen Aufsatz in: *Sprache und Identität im Judentum*, hrsg. v. Karl E. Grözinger, Wiesbaden 1998, S. 173-198.

2 So Mark H. Gelber, „Das Judendeutsch in der deutschen Literatur. Einige Beispiele von den frühesten Lexika bis Gustav Freytag und Thomas Mann“, in: *Juden in der deutschen Literatur. Ein deutsch-israelisches Symposion*, hrsg. v. Stéphane Moses und Albrecht Schöne, Frankfurt a. M. 1986, S. 162-178.

los, und somit ist die Sprache ein äußerst verräterisches Erkennungsmerkmal. In den früheren Gesellschaften, in denen Begriffe wie Multikulturalität unbekannt und Kosmopolitismus verdächtig waren, war es hauptsächlich die jüdische Minderheit, die durch ihre Sprache auffiel und eine Angriffsfläche für Spott und Ausgrenzung bot. Daß sich dies bis in die neue Zeit erhalten hat, beweist etwa die von Theodor W. Adorno überlieferte Begebenheit mit einer amerikanischen Telefonistin in den 1940er Jahren, die ihm erklärte: „Mit der Zeit erkennt man einen Juden schon an der Stimme."[3]

Es gibt verschiedene Meinungen darüber, was als das stiftende Element für die jüdische Identität gelten kann: die Sprache, die Tracht, die geographische Herkunft, die Religion oder die gemeinsame Geschichte – und der Antisemitismus ist gewiß eines davon: Je stärker der feindliche Druck von außen, um so stärker ist gewöhnlich der Zusammenhalt nach innen, inklusiv Privatsprache (Wittgenstein), oder aber „Selbsthaß", denn mit Sander Gilman wird von manchen wiederum der umstrittene Begriff „jüdischer Selbsthaß" als die jüdische Antwort auf den Antisemitismus gesehen, die allerdings die jüdische Identität selbst zersetzt.[4]

Die Sprache als das prononcierteste Mittel der Kommunikation und Interaktion zwischen den verschiedenen Schichten und Gruppen der Gesellschaft mußte einigermaßen „funktionieren", ansonsten wurde der so gestörte „Diskurs" zum gesellschaftlich relevanten Haupthindernis für den inneren Frieden. In Anlehnung an Nietzsches *Geburt der Tragödie* sieht Robert Musil in der Sprache den Doppelcharakter von Natur und Kultur:

> „Sie ermöglicht das Entstehen von Bewußtsein und Individualität und konstituiert damit die spezifische Differenz zur ungeschiedenen Natur, sie löst die Individuation jedoch gleichzeitig auf, indem sie die Erfahrung an die Struktur der Sprache, in der sich ein kollektives Bewußtsein ausdrückt, bindet."[5]

Die Interaktion zwischen Nichtjuden und Juden in Deutschland (und in anderen Ländern) hat sich dementsprechend schwierig gestal-

---

[3] Zit. n. Sander L. Gilman, *Jüdischer Selbsthaß. Antisemitismus und die verborgene Sprache der Juden*. Aus dem Amerikanischen von Isabella König, Frankfurt a. M. 1993, S. 20.

[4] Ebd.

[5] Zit. n. Bernd Hüppauf, „Bemerkungen zur Sprache in R. Musils ‚Nachlaß zu Lebzeiten'", in: *Die Fremdheit der Sprache – Studien zur Literatur der Moderne*, hrsg. v. Jochen C. Schütze et al., Hamburg 1988, S. 30f.

tet. Seit der Aufklärung, als die deutschen Juden auch im Gottesdienst Abschied von ihrer angestammten hebräischen Sprache nahmen und das Deutsche auch im religiösen Ritus um der „Emanzipation" willen an ihre Stelle trat, gaben diese West-Juden im Laufe ihres Assimilationsprozesses an die deutsche Gesellschaft, bei dem sie auch des Jiddischen im Alltag verlustig wurden, vieles von ihrer eigenen jüdischen Identität auf. Doch meistens umsonst, denn die „Deutschen" wehrten sich weiterhin vehement gegen die ‚Eindringlinge'.[6] So auch Martin Heidegger[7], der meinte, der Jude könne sich nicht assimilieren, da er sich nie die wirkliche Bedeutung, Erkenntnis und **Sprache** aneignen könne – es entbehrt übrigens nicht der Ironie, daß die Nationalsozialisten selbst die Sprache Heideggers „talmudisch" nannten.[8]

Diejenigen Juden, die sich durch die Annahme einer „neuen Identität" die Befreiung von der Unterdrückung erhofften, haben vielfach Enttäuschungen wegen der mangelnden Akzeptanz erlebt, und nicht selten zerbrachen sie daran oder kehrten reumütig in den Schoß der jüdischen Gemeinschaft zurück, denn ein Identitätswechsel war niemals leicht: Man „entlarvte" den Juden, wenn nicht anhand seiner Sprache, so anhand des angeblich anderen Aussehens oder seiner Luxuslimousine, wie folgende Stelle beweist:

> „Nur e i n e G e s t a l t aber kann ich erkennen, vorn am Steuer, hinter deren orientalischer Fettleibigkeit die übrige Bagage verschwindet. Der edle Steuermann hat das bei solchen Wagen übliche [!] schwarzlockig umrahmte Ponim. Mit Sechsernase und Negerlippen. Lieber Isidor Veilchenduft, oder wie immer Du heißen mögest, du könntest Dir den republiktreuen Wimpel sparen, Deine Visage ist schon Symbol genug für diese..."[9]

Der antisemitische Schreiber verwendet im Jahre 1928 in der Zeitschrift *Der Angriff* sowohl das jiddische Wort „Ponim" für Gesicht als auch den verballhornten jüdischen Namen, der ihm eine weitere willkommene und häufige Gelegenheit zum Hohn bietet – die beiden Komponenten, Name und Aussehen, waren die geläufigsten Zielscheiben antisemitischer Kritik, über den *Stürmer* bis hin zu Gerhard Zwe-

---

[6] Michael M. Meyer, *Jüdische Identität in der Moderne*. Aus dem Amerikanischen von Anne Ruth Rank-Strauss, Frankfurt a. M. 1992.

[7] Leon Botstein, *Judentum und Modernität. Essays zur Rolle der Juden in der deutschen und österreichischen Kultur 1848 bis 1938*, Wien, Köln 1991.

[8] Vgl. Jean-Francois Lyotard, *Heidegger und „die Juden"*, aus dem Französischen von Clemens-Carl Härle, Wien 1988, S. 71.

[9] Dietz Bering, *Kampf um Namen. Bernhard Weiß gegen Joseph Goebbels*, Stuttgart 1991, S.138.

renz und Rainer Werner Fassbinder,[10] und die Sprache vervollständigte das negative Bild. Anstatt aber Widerstand zu leisten, wie die Mitglieder der jüdischen Gemeinde in Frankfurt am Main es taten, als es galt, im Jahre 1985 die Aufführung des Faßbinderschen Stückes *Der Müll, die Stadt und der Tod* zu verhindern, versuchten viele Juden, sich in diesem sozialen Klima als solche noch unkenntlicher zu machen. Mit dem fremdklingenden Namen legten sie auch die fremdklingende Sprache ab. Dietz Bering hat den „Tatort Name" geschildert, und erkennt im „Namenkampf" „dominante Linien der Mentalitätsgeschichte der deutschen Mehrheit"[11] sowie einen „Gutteil der Geschichte der jüdischen Minderheit in Deutschland".[12] Ähnlich wie in Deutschland verlief der Prozeß übrigens auch in anderen Ländern, so z. B. in der Sowjetunion, Polen oder Ungarn, wo die Juden angesichts der antisemitischen Umwelt sowohl in der Zwischenkriegszeit als auch nach dem Krieg ihre jüdische Herkunft verschleierten, beispielsweise durch Namenwechsel, und ihre jüdische Identität aufgaben. Danach verloren sie auch völlig den Kontakt zur jüdischen Tradition, was bei einer Reihe der heutigen jüdischen Kontingent-Flüchtlinge bzw. Zuwanderer aus der ehemaligen Sowjetunion beobachtet werden kann.

Wie bei Kurt Tucholsky, der aus dem Judentum „austrat", fanden die so überaus zahlreichen Konversionen zum Christentum, insbesondere unter den deutschen Juden, als Reaktionen auf die judenfeindliche Gesetzgebung statt – ganz im Sinne von Heinrich Heines protestantischer Taufe als „Entréebillet" in die europäische Kultur. Aus Berlin schrieb Heine, der dort am „Verein für Cultur und Wissenschaft der Juden" tätig war, am 7. April 1823 an Immanuel Wohlwill in Hamburg:

> „Verzeih mir diese Bitterkeit; Dich hat der Schlag des aufgehobenen Edikts nicht getroffen [...] auch ich habe nicht die Kraft einen Bart zu tragen, und mir Judenmauschel nachrufen zu lassen, und zu fasten etc. Ich hab nicht

---

[10] Christiane Schmelzkopf versucht, die Kehrtwendung in der Schilderung der jüdischen Figuren in der deutschen Literatur der 1970er Jahre durch Zwerenz und Faßbinder gegenüber dem versöhnlichen Ton der frühen Nachkriegszeit als die Reaktion auf den als „aufgezwungen" empfundenen Philosemitismus zu erklären – *Zur Gestaltung jüdischer Figuren in der deutschsprachigen Literatur nach 1945*, Hildesheim, 1983, S. 244.

[11] Ebd., S. 7.

[12] Ebd. Auch Dietz Bering, *Der Name als Stigma. Antisemitismus im deutschen Alltag 1812-1933*, Stuttgart 1992.

mahl die Kraft ordentlich Mazzes zu essen. Ich wohne nemlich jetzt bey einem Juden [...].“[13]

Zwei Jahre später war sein formaler Übertritt zum Protestantismus die Folge, während die Ausgrenzung, die ihn als Juden und als Virtuosen der deutschen Sprache mit großer Wucht traf, damit keineswegs zu Ende war. Antisemiten waren zu seiner Zeit sehr aktiv, so etwa Christian Friedrich Rühs, der meinte: „Die eigentliche Volkssprache der Juden ist das Hebräische, und das unter dem Namen des Neujüdischen bekannte *Mischmasch*...“[14] Und weiter: „Ist die deutsche Sprache der Juden nicht immer eine fremde, erlernte... man sehe die deutschen Bücher jüdischer Schriftsteller an. Sie strotzen von undeutschen und falschen Wendungen, verkehrt ausgedrückten Sätzen, unrichtig gebrauchten und geschriebenen Wörtern.“[15] Was mit den antisemitischen Attacken des Dichters August Graf von Platen-Hallermund in dessen *Romantischem Ödipus* von 1829 begann (er dichtete Heines Versen ‚Knoblauchgeruch' an) und Heine ins französische Exil trieb, setzte sich nach seinem Tode über Richard Wagner, über Karl Kraus bis hin zu den Nationalsozialisten, die seine Bücher verbrannten, fort.

Von Heine erzählt übrigens M.G. Saphir, der ihn 1855 in Paris besuchte, die bezeichnende Anekdote: „Ich fragte Heine, ob seine Frau deutsch spreche: ‚nur zwei Worte', war seine Antwort, ‚Nebbech und Jofe'“,[16] womit die spätere Unbefangenheit Heines seiner jüdischen Herkunft gegenüber (die er vor seiner Frau, einer französischen Katholikin, übrigens bis ans Lebensende verborgen haben soll) zum Ausdruck kommt. Darüber, daß Heine, ein Modernisierer der deutschen Sprache war, obwohl ihm Karl Kraus bekannterweise vorwarf, er hätte ihr „so sehr das Mieder gelockert [...], daß heute alle Kommis an ihren Brüsten fingern können“, besteht ein allgemeiner Konsens. Während aber Adorno bei ihm „das Gegenteil heimatlicher Geborgenheit in der

---

[13] Heinrich Heine, *Briefe 1815-1831*, Säkularausgabe Bd. 20, Berlin (Ost)/Paris 1970, S. 72. Mit dem aufgehobenen Edikt ist das Napoleonische Judenemanzipationsedikt von 1812 gemeint, wodurch die Juden volle bürgerliche Gleichstellung erlangten und welches nach dem Fall Napoleons I. 1823 durch Preußen teilweise wieder aufgehoben wurde, wodurch die Emanzipation der Juden in diesem Gebiet zum Stillstand kam.

[14] Christian Friedrich Rühs, „Die Rechte des Christentums und des deutschen Volkes“, Berlin 1816, S. 26, zit. n. Paul Peters, *Heinrich Heine „Dichterjude“. Die Geschichte einer Schmähung*, Frankfurt a. M. 1990, S. 70.

[15] Ebd.

[16] Ruth L. Jacobi, *Heinrich Heines jüdisches Erbe*, Bonn 1978, S. 10.

Sprache“ diagnostizierte,[17] attestiert Marcel Reich-Ranicki, daß Heine „die Sprache der deutschen Literatur entrümpelte und modernisierte“ dank der Distanz zu dieser – erworbenen – Sprache, die „es ihm ermöglichte, sie als Instrument zu behandeln“.[18] In seinen Schriften „jiddelte“ Heine nur gelegentlich, und das auch noch gezielt. Das war insbesondere in seiner Antwort auf Platen, den schonungslosen *Bädern von Lucca*, der Fall. Der getaufte Hirsch, nun Hyazinth, die Karikatur eines „Schutzbürgers in Hamburg“, erlaubt sich gelegentlich ein Heinesches Bonmot, das wie falsches Deutsch aussieht: „Papagoyim“, „famillionär“, „Melancholik“, etc. Heines äußere Distanz zum Judentum nahm in dem Maße zu, wie er sich dem „Deutschen“ näherte; die erneute Annäherung an das Judentum erfolgte bei ihm erst aufgrund der Judenverfolgungen in Damaskus (1840) wieder und verstärkte sich gegen Ende seines Lebens, als er sterbenskrank in seiner „Matratzengruft“ lag.[19]

Eine ähnliche Entwicklung fand bei Rahel Varnhagen, geborene Levin, der berühmtesten jüdischen Berliner Salonière und Heine-Freundin, statt. Sie, die unter ihrem Judesein als Paria („infame Geburt“) litt, sich Friederike Robert nannte, taufen ließ und einen Nichtjuden heiratete, mußte, „um äußerlich eine andere Person zu werden, wie mit einem Kleid vorerst die Blöße des Judentums verdecken“, meint Hannah Arendt, und zitiert Rahels Worte:

> „So vergesse ich doch die Schmach *keine* Sekunde. Ich trinke sie im Wasser, ich trinke sie im Wein, ich trinke sie mit der Luft; also in jedem Atemzug [...] Der Jude muß aus uns ausgerottet werden, das ist heilig wahr, und sollte das Leben *mit*gehen.“ [20]

---

[17] Theodor W. Adorno, Gesammelte Schriften, Bd. 11, *Noten zur Literatur*, hrsg. v. Rolf Tiedemann, Frankfurt a. M. 1974, S. 98.

[18] Marcel Reich-Ranicki, *Der Fall Heine*, Stuttgart 1997, S. 32. Walter Hinck in: *Die Wunde Deutschland. Heinrich Heines Dichtung*, Frankfurt a. M. 1991, S. 12f. meint hingegen: „Gerade dem von der Herkunft zum Außenseiter bestimmten Dichter bietet die deutsche Sprache Zuflucht, Heimat, und zwar in anderer Weise als das Jiddisch, das er auch beherrscht. [...] Aneignung der Sprache aber bedeutet nicht schon Verankerung in der kulturellen Tradition.“ Das, was Heine eventuell beherrschte, war das von den deutschen Juden gesprochene Judendeutsch (bzw. Westjiddisch), nicht Jiddisch, das in Mittel- und Osteuropa gesprochen wurde.

[19] Ich kann Klaus Brieglebs interessanten Ausführungen über Heines Marranentum und der damit zusammenhängenden Identitätsproblematik in seinem Buch *Bei den Wassern Babels. Heinrich Heine, jüdischer Schriftsteller in der Moderne*, München 1997, nicht immer folgen.

[20] Hannah Arendt, *Rahel Varnhagen. Lebensgeschichte einer deutschen Jüdin aus der Romantik*, Frankfurt a. M., Berlin, Wien 1974, S. 117f.

Ihr Mann, August Varnhagen, führt hingegen in seinem Bericht über „Rahels letzte Jahre" ihren angeblichen Ausspruch einige wenige Tage vor ihrem Tod an:

„‚Welche Geschichte!' – rief sie mit tiefer Bewegung aus, – eine aus Ägypten und Palästina Geflüchtete bin ich hier, und finde Hülfe, Liebe und Pflege von euch! [...] Was so lange Zeit meines Lebens mir die größte Schmach, das herbste Leid und Unglück war, eine Jüdin geboren zu sein, um keinen Preis möcht' ich das jetzt missen."[21]

Rahel, die große Briefschreiberin mit einer, wie manch ein Zeitgenosse negativ vermerkte, „eigentümlichen Orthographie", mokierte sich selbst über die Sprache der Juden: „Ich kann Dir versichern, daß ich gar nicht lache, und Dein Brief eine Komödie (Kommedje, wie die Juden auf der Gasse sagten) für mich war [...]",[22] fühlte sich durch ihre jüdische Herkunft benachteiligt und ausgegrenzt, weshalb sie den Ausbruch unternahm. Auch hat der jüdische Aufklärer Hermann Schiff im Jahre 1848 ein Buch publiziert, in dem es von jiddischen und aschkenasisch ausgesprochenen hebräischen Ausdrücken wimmelt: *Schief-Levinche mit seiner Kalle oder polnische Wirtschaft. Ein komischer Roman.* Dieses Buch könnte als der Vorläufer von Romanen Karl Emil Franzos' gesehen werden, denn der kritische und fortschrittliche „Westjude" Schiff zieht die ‚unaufgeklärten' ostjüdischen Figuren ins Lächerliche. In einer angeblichen „Anmerkung eines israelitischen Setzers" wird behauptet: „Wie'n Chutzpe, ‚welche Frechheit', ‚Menubalonim', ‚Schreckbilder'. Der liebe Gott kann das Mauscheln nicht lassen, denn es ist die Loschen Kadosch oder heilige Sprache."[23]

Welcher Art aber war die Ausgrenzung seitens der Umwelt, die die jüdische Identität im Laufe der Geschichte, wie es etwa bei Rahel oder Schiff der Fall war, zu tangieren vermochte? Diese Ausgrenzung war sehr häufig sprachlicher Art und hat sich bekanntlich bereits sehr früh entwickelt, wie W. Frey[24] etwa anhand der Judenfiguren in der mittelalterlichen Volkstheatertradition des deutschsprachigen Raums zeigt. In diesen Oster-, Passions- oder Krippenspielen pflegte man die Juden

---

21 *Rahel Varnhagen und ihre Zeit (Briefe 1800-1833)*, hrsg. v. Friedhelm Kemp, München 1968, S. 375.

22 Brief von Rahel an Moritz vom 18.12.1808, ebd., S. 27.

23 *Schief-Levinche mit seiner Kalle oder polnische Wirtschaft. Ein komischer Roman* von Hermann Schiff nebst einer empfehlenden Erklärung von Heinrich Heine, 2. Aufl. Hamburg, Berlin 1919, S. 31.

24 Winfried Frey, „Pater Noster Pyrenbitz. Zur sprachlichen Gestaltung jüdischer Figuren im deutschen Theater des Mittelalters", in: *Aschkenas* 2/1992, S. 59.

karikierend als Bösewichte und verstockte Christenfeinde bzw. nur als die fremden „Anderen“ darzustellen. Sie werden dann auch sprachlich als solche gekennzeichnet, indem ihnen ein ‚hebraisierendes' Kauderwelsch in den Mund gelegt wird:

> „*Magister cantat: Schiroli kakma nedana nanes scharobora ka lankato waycheilo gawidello in dezbro abraham vnd moyses jacob kadakados adonay sebeos calsim calcasim tripisim calca Dypensun sine sine czotschir vista ca'cmelle adonay smir snell Israhel adonay abion yro yn nu yn amin.*“

Der ‚Magister Juedorum' verhöhnt die Christen, und sein Chor gibt solche verballhornten hebräischen Töne zum besten: „Joseph, Maria gib ich dier,/eia zwen phenning gib du mier! *Eloy eloee kakudau'e"*. Die unsinnig klingende und somit unheilige (‚un-heil-volle'?) Sprache der „Synagoge“ wird bewußt der reinen, frommen Sprache der Christen entgegengesetzt, um die Juden zu brandmarken. Frey zitiert aus dem Luzerner Osterspiel bösartige pseudojüdische Nonsensreime:

> „...*Kickrion vnnd Schlachischloss,/schlachischloss* vnnd schwynin fleisch/tribt den Juden vss den schweiss/vnnd ist inen vi zuo feiss./Darumb so nemmend wir darfür/Brad würst vnnd dure senff,/ist aller Juden tämpf,/*gammahü mahü./Alla calla malla,/Alla willa wigrui*/rui rui pfu pfu!“

Nicht nur die Sprache, sondern auch die Essensbräuche der Juden, die auf ihren religiösen Geboten beruhen, werden hier der Lächerlichkeit preisgegeben und zum Schluß mit „pfu, pfu!“ alle Zweifel bezüglich dieser Juden ausgeräumt. Da diese Spiele vor breiten Massen auf Jahrmärkten dargeboten wurden, konnte sich das so negativ dargestellte Bild des Juden in den Köpfen der Menschen festigen.

Die Germanistin Elisabeth Frenzel hat es 1942 in ihrer ganz dem Geist der Zeit ergebenen ‚Studie' über *Judengestalten auf der deutschen Bühne. Ein notwendiger Querschnitt durch 700 Jahre Rollengeschichte* ihren Lesern auch deutlich vorgemacht:

> „Die fremde Sprache bleibt eines der billigsten und zugleich glücklichsten und wirksamsten Mittel in der Komik der Judenrolle, ebenso wie es noch in neuester Zeit ein erfolgreicher Regieeinfall bleibt, einen Juden tanzen zu

lassen, weil es dem Empfinden, daß Grazie nicht zu den jüdischen Eigenschaften gehört, Ausdruck gibt."[25]

Wie schon der Meistersinger Hans Volz (oder Folz, c. 1435/40-1513) in seinen Spielen das jüdische Gebet als „hebräisches Gemurmel" in einer „Judenschul" verfremdet darstellte, wurde dies seitens der Juden wiederum in ihr eigenes Theater aufgenommen, wie das Frankfurter jiddische *Ahaschwerosch-Spil* von 1708 zeigt. Dieses Purimspiel, mit biblischem Esther-Stoff und in seiner parodistischen Form an christliche Fastnachtspiele angelehnt, enthält Selbstbeschimpfungen, in denen auch das Wort „Judenmauschel" wiederholt vorkommt, wie: „Der Schreiber sagt: Do er forn hot/ejn iderer Jud mojschel zu sogn un' zu singn."[26] Die meisten Epitheta gegen die Juden werden natürlich der Figur des biblischen Judenfeindes Haman in den Mund gelegt, dennoch beweisen sie, wie tief die Juden solche Beschimpfungen verinnerlicht haben.

Die Stigmatisierung der „Sprache der Juden" und somit die Ausgrenzung ihrer Träger hat sich während der Jahrhunderte weiterhin fortgesetzt. In Johann Christoph Wagenseils (1633-1705) *Belehrung der jüdisch-teutschen Red- und Schreibart* behauptet der christliche Hebraist und Judenkenner anklägerisch:

> „Mit keiner Sprach sind die Juden jemals / so / wie man so zu reden pflegt / als mit unserer Teutschen umbgangen / denn sie haben solcher einen gantz fremden Ton und Laut gegeben / die guten teutschen Wörter gestümmelt / geradebrecht / verkehret / neue uns unbekandte erdacht / wie auch /unzählig viele Hebreische Wörter und Red-Arten in das Teutsche gemischt / wer sie Teutsch reden höret / nit anders glaubt / als sie reden pur lauter Hebreisch / in dem fast kein einziges Wort verständlich fürkommet."[27]

Die Juden, so lautet das Fazit Wagenseils, hätten die deutsche Sprache entweiht. Auf solcherart Einwände, die noch in seinen Tagen hörbar waren, setzte sich Alexander Moszkowski in seinem Walter Rathenau zugeeigneten Buch über *Das Geheimnis der Sprache* von 1923 auch mit der Problematik der Sprache der Juden auseinander, indem er

---

[25] Deutscher Volksverlag, München. Elisabeth Frenzel hat sich m. W. von ihren damaligen Worten niemals distanziert.

[26] *Ahaschwerosch Schpil*, zit. n. *Yiddish Biblical Plays 1697-1750*. Edited from Manuscripts and Printed Versions with an Introduction by Chone Shmeruk, Jerusalem 1979, S. 215.

[27] Zit. n. Paul Peters, *Heinrich Heine „Dichterjude"*, S. 70.

Wagner und Konsorten den Fehdehandschuh zuwirft und – wie andere vor ihm während des Berliner Antisemitismusstreits – auf die „Wurzeln germanischer Sprachkraft" im Jiddischen hinweist. Er zitiert darin eine „neuere Werbeschrift", die gar nicht so neue Töne enthält, ja die alten Beschuldigungen fast wörtlich wieder aufgreift:

„In Deutschland gibt es wohl keine verächtlichere Benennung einer Sprachgemeinheit als M a u s c h e l n. Und sage man mir, welcher sprachwissenschaftliche Unterschied zwischen M a u s c h e l n und W e l s c h e n ist! Der hochdeutsche oder jiddische Mauschler durchsetzt sein deutsches Gemauschel mit hebräischen Brocken: ist etwa Hebräisch, die Sprache der Bibel, weniger vornehm als Mönchlatein und B e r l i n - f r a n z ö s i s c h? Und was die vielgerühmte unentbehrliche Nüanßierung der bekanntlich nüanßenarmen deutschen Sprache betrifft, so erkundige man sich bei den Kennern des jiddischen Gemauschels, ob sich mit solchen Knoblauchsblüten im Rosenstrauß wie Nebbich, Chuzpe, Stike irgend ein Wort selbst in dem grenzenlos reichen Welsch völlig ‚deckt'? Die Ekelhaftigkeit der Mauschelei besteht in der Verschmutzung, die sie in das von ihr verschleimte Deutsch bringt. Dem gesunden, nun gar dem feinhörigen Sprachgefühl klingt j e d e regelmäßige Sprachverschmuddelung wie Mauscheln, und ich empfehle allen Ernstes, schon der Abwechslung wegen, so oft wie tunlich statt Fremdwörteln zu sagen: Mauscheln. Es klingt nicht schön, es soll nicht schön klingen; aber es klingt w a h r und ist wahr."[28]

In dem Kapitel „Pantheon und Ghetto" schreibt Moszkowski zwar apologetisch, dennoch deutlich an die Adresse des „Völkischen":

„Was ihm als ein Angriffspunkt Schimpf und Hohn, als ein knoblauchduftender Gegenstand des Ekels erscheint, gehört in Wirklichkeit zu den Wurzeln germanischer Sprachkraft. Dem Völkischen wäre anzuraten, sich einmal in den Forschungsschriften von Strack, Klausner, Grunwald,[29] Bodenheimer u. a. umzutun, um aus ihnen die Stellung der ihm so verächtlichen Mundart innerhalb der Sprachkultur zu erfahren [...]
Unter den Merksätzen des Dr. S. Simchowitz behauptet den Vorrang: Das Jüdisch-Deutsche weist Wörter und Formen auf, die noch dem frühen Entwicklungsstadium der deutschen Sprache entstammen und jetzt (leider!) aus unserer Sprache verschwunden sind. Es ist ein lebendiger Zeuge

---

[28] Alexander Moszkowski, *Das Geheimnis der Sprache. Aus Höhen und Tiefen der Ausdrucksformen*, Berlin 1923, S. 224f.

[29] Moszkowski meint hier sicherlich die Broschüre von Moritz Grünwald: „Über den jüdisch-deutschen Jargon vulgo Kauderwälsch genannt" von 1876, der sich darüber beklagt hatte, daß „Diese Sprache, [...] so oft der Gegenstand des Spottes und der Verachtung der Welt" auch seitens der assimilierten Juden selber sei. Vgl. Matthias Richter, *Die Sprache jüdischer Figuren in der deutschen Literatur (1750-1933). Studien zu Form und Funktion*, Göttingen 1995, S. 67.

> alteutscher Vergangenheit! -- Die eigentliche Grundlage ist durchaus deutsch, und gerade Wörter, die zunächst uns etwas wunderlich anmuten, erweisen sich bei genauer Untersuchung als r i c h t i g e s d e u t s c h e s S p r a c h g u t."[30]
>
> „Die angeblichen Mauschelwörter ‚Seiger' (für Zeiger, auch Uhr) [...], ‚Nebbich' (aus die Nebigen, die Danebenlaufenden, die Knappen; also nicht ein hebräischer Brocken, wie der Völkische fälschlich unterstellt) [...] – sind allesamt altes, vortreffliches, deutsches Sprachgut! Daraus folgt nun mancherlei. Erstlich, daß es nicht angeht, eine Misch-Sprache zu verlästern, die sich in ausgedehnten Gebieten des Ostens als der stärkste, auf weiten Strecken sogar als der einzige Wegebahner des Deutschen erwiesen hat; wie sie auch im Westen unter schwierigsten Bedingungen noch immer Reste deutscher Kulturarbeit leistet [...]."[31]

Anstatt sich also für die jiddische Sprache um ihrer selbst willen einzusetzen, muß der Autor die Leistung des Jiddischen für die Tradierung der *deutschen* Kultur bemühen, um sie zu legitimieren. Es entgeht ihm nicht, daß der zeitgenössische ‚völkische' Autor, die Begriffe wie „Fremdwörterei und Mauscheln" gleichsetzt und „gleichzeitig nach der Judengasse" blickt, um durch die Angriffe auf ihre Sprache die Juden zu treffen, so daß bei der Verteidigung ihrer Sprache die Juden selbst als die Gralshüter der deutschen Kultur dargestellt werden müssen.

In der Debatte um die Emanzipation der Juden hat der Aspekt der Sprache seit dem 18. und im Laufe des 19. Jahrhunderts ebenfalls eine wichtige Rolle gespielt, insbesondere als Argument wider die Integration der Juden in Deutschland. Während die einen die „unemanzipierten" Juden als rückständig ablehnten, griffen andere die emanzipationswilligen Juden an:

> „...Derjenige (moderne) Jude, der versucht, ‚der Gemeinschaft mit dem Schicksale seines Volkes zu entfliehen', der ‚im Kaffeehause schwatzt von Allem, nur nicht von dem was die Ehre seines Hauses ist', gilt als 'lächerlicher Mann'. Er legt sich zwar ‚die gewandteste gesellschaftliche Tournure wie eine Maske an', vergißt aber dabei, daß ‚die Vorderseite des Mannes mag reden, welche Sprache sie will, die Hinterseite immerdar Hebräischer Grundtext bleibt'."[32]

---

30 Moszkowski, ebd., S. 225f.

31 Ebd., S. 227f.

32 Heinrich Leo, Rezension zu Marcard, in: *Evangelische Kirchenzeitung* 33 (1843), S. 483, zit. n. Christhard Hoffmann, „Das Judentum als Antithese. Zur Tradition eines kulturellen Wertungsmusters", in: *Antisemitismus in Deutschland. Zur Aktualität eines Vorurteils*, hrsg. v. Wolfgang Benz, München 1995, S. 33.

Zur Akkulturation war die Beherrschung der deutschen Sprache und die Erlangung des Niveaus deutscher Bildung unabdingbar. Auch deshalb mußte das Jiddische verdrängt werden, denn es stigmatisierte den Sprecher – wie oft bei Sprechern deutscher Dialekte im Gegensatz zum Hochdeutschen – leicht als einen geringer Gebildeten und sozial niedriger stehenden. Hinzu kam die moralisch verwerfliche sprachliche Nähe zur – deutschen (oder auch slawischen) – Gaunersprache, die ja jiddische Ausdrücke mitaufgenommen hat, womit wiederum insinuiert wird, daß Gauner und Juden auf der gesellschaftlichen Ebene eng beieinander stehen. Diese Kriminalisierung der Sprache der Juden hat in Deutschland ebenfalls eine lange Tradition und reicht bis in die 2. Hälfte des 13. Jahrhunderts zurück, als Sprachgut von Außenseitern und Landfahrern.[33]

Johann Wolfgang Goethe ließ sich deutlich über die Sprache der Juden aus. Er, der unter den „Ersten Fetzen" aus seiner Feder ein Fragment mit dem Titel *Der ewige Jude* verfaßt hatte, in denen solche Zeilen stehen: „Drum hör' es denn, wenn dir's beliebt,/Do kauderwelsch wie mir der Geist eingiebt", erzählt in *Dichtung und Wahrheit* über seinen Jugendroman, in dem eines von mehreren Geschwistern, „die von einander entfernt und in der Welt zerstreut, sich wechselseitig Nachricht von ihren Zuständen und Empfindungen mitteilen." Das jüngste dieser Geschwister hatte, so Goethe, „sich aufs Judendeutsch gelegt". Das führte ihn dazu, das „Judendeutsch" zu erlernen, dann das Hebräische, um das Alte Testament „in seinem fremden kauderwelschen Idiom" herzustottern.[34] Schon als Kind wurde Goethe von der Frankfurter Judengasse angezogen, wiewohl dort „die Enge, der Schmutz, der Akzent einer unerfreulichen Sprache" auf ihn „den unangenehmsten Eindruck machte".[35]

Anders als Goethe sah Bettine von Arnim das Ghetto. Sie, seine Briefpartnerin, verfaßte 1808 eine Niederschrift ihres Streitgesprächs mit dem „Primas" über das Verhältnis zwischen Juden und Christen, wobei sie um Verständnis für die unterdrückten Juden warb unter dem Titel *Die Klosterbeere. Zum Andenken an die Frankfurter Judengasse.*

---

[33] Christoph Daxelmüller, Zehntes Bild: Das „Mauscheln", in: *Antisemitismus. Vorurteile und Mythen*, hrsg. v. Julius H. Schoeps und Joachim Schlör, München und Zürich 1995, S. 146ff.

[34] J.W. Goethe, *Dichtung und Wahrheit.* Erster Teil. Viertes Buch, München 1967, S. 116.

[35] Ebd., S. 136. S. auch Elvira Grözinger, „Das Bild des Juden in der deutschen Literatur vom Mittelalter bis heute. Stereotype und Vorurteile", in: *Jugend mit Zukunft. Sonderprogramm gegen Gewalt*, hrsg. v. Senatsverwaltung für Schule, Jugend und Sport, Berlin 1996, S. 51-59.

Ihre Argumente zugunsten der Juden, ihre Vorschläge, den Juden eine bessere Bildung zuteil werden zu lassen, beantwortet der Geistliche, der offenbar auch der Meinung ist, daß die Juden nicht kultur- und lernfähig seien, so:

> „Wenn ich diese musikalische Wiedergeburt auch befördere und obendrein sie Reiten, Tanzen, Fechten lernen lasse, – Naturwissenschaft, Philosophie, Geschichte – alles was Sie wollen. – Was würde dann daraus werden? – Der Jude ließe sich doch nicht verleugnen?“[36]

Um die Mitte des 19. Jahrhunderts kamen noch andere Stimmen hinzu, wie Richard Wagners bekanntes furios antisemitisches Pamphlet über *Das Judentum in der Musik* (1850) und das „Hausbuch der Deutschen“, Gustav Freytags Roman *Soll und Haben* (1855). Wagner, der zwar von Heinrich Heine in erheblichem Maße „inspiriert“ wurde, sprich: dem er die Stoffe des *Fliegenden Holländers* und des *Tannhäusers* verdankte, wütete dennoch gegen Heine und Ludwig Börne, weil sie Juden waren. Wagners Polemik gegen das Judentum und die ‚jüdische' Musik zielte auch auf die Sprache der Juden:

> „Wer hat nicht Gelegenheit gehabt, von der Grimasse des gottesdienstlichen Gesanges der Juden sich zu überzeugen? Wer ist nicht von der widerwärtigsten Empfindung, gemischt von Grauen und Lächerlichkeit, ergriffen worden beim Anhören jenes sinn- und geistesverwirrenden Gegurgels, Gejodels und Geplappers, das keine absichtliche Karikatur widerlicher zu entstellen vermag?“[37]

Wie sich solcherart Vorurteile ins Gedächtnis des Lesers einprägen können, zeigt das Beispiel der Gruppe 47, deren Mitglieder – so Klaus Briegleb[38] – mit Paul Celans Vortragsweise nicht einverstanden waren, denn er hätte seine Gedichte „pathetisch“ und „singend“ vorgetragen, was sie an Synagoge (oder gar an Goebbels [sic!]) erinnerte, und das – im Jahre 1952, nach der Schoah...[39] Dabei darf man vermuten, daß

---

[36] Bettine von Arnim, *Dies Buch gehört dem König*, hrsg. v. Ilse Staff, Frankfurt a. M. 1982, S. 463.

[37] Zit. n. Rainer Erb und Werner Bergmann, *Die Nachtseite der Judenemanzipation. Der Widerstand gegen die Integration der Juden in Deutschland 1780-1860*, Berlin 1989, S. 42 (Anm. 95).

[38] Klaus Briegleb, *Mißachtung und Tabu. Eine Streitschrift zur Frage: ‚Wie antisemitisch war die Gruppe 47'?*, Berlin und Wien 2003, S. 192.

[39] Über die Unvereinbarkeiten der Erinnerung an die Schoah bei jüdischen und nichtjüdischen Schriftstellern in Deutschland vgl. Stephan Braese, *Die andere Er-*

diejenigen, die Celans ‚Synagogensingsang' am heftigsten bemängelten, wohl kaum jemals zuvor einem Synagogalgottesdienst beigewohnt hätten.

Wagner geht dort noch weiter, indem er dem Juden „allen Mangel rein menschlichen Ausdrucks in seiner Rede" bescheinigt.[40] An Richard Wagner wird man bei der Lektüre des Tagebuchs des Breslauer Juden Walter Tausk erinnert, der die „Reichskristallnacht" in seiner Heimatstadt beschreibt. Am 12.11.1938 notiert dieser, später von den Nationalsozialisten umgebrachte Autor:

> „Vom Zahnarzt mußte ich zur Stadt. An der Garvestraße stehen vier Hitlerjungen. Einer sagt: ‚Ihr müßt auch mal die Mauschelhalle ansehen'. ‚Mauschelhalle' ist der vom ‚Stürmer' geprägte Ausdruck für eine Synagoge. Mir selbst fielen die Worte eines Liedes ein, das gerade die Hitlerjugend gern sing: ‚Steckt die Synagogen an'. Und ich ging, zumal ich sowieso auf die Wallstraße mußte, in Richtung ‚Mauschelhalle' [...] die sogenannte ‚Mauschelhalle', ein bekannter schöner Bau von Oppler (romanischer Kuppelbau), war nur noch eine rauchende Ruine."[41]

Auch der Jude Tausk grenzte sich übrigens von den Juden ab und wollte seinem eigenen Judentum entfliehen, indem er sich dem Buddhismus zuwandte und vergeblich versuchte, vor den Nationalsozialisten Zuflucht bei einem Maharadscha in Indien zu finden.

Jüdische Hausierer standen hierzulande häufig ebenfalls in Verdacht, Gauner zu sein. Dies beweist z. B. ein Steckbrief des Juden „Hirsch Moses, aus Gemünden in Oberhessen gebürtig, 26 Jahre alt. Signalement. [...] Er spricht die Hochdeutsche Sprache in der Jüdischen Mundart. Er war wegen Theilnahme an begangenen Diebstählen bei dem Gute Haneraus in Verhaft und Untersuchung gerathen, hatte aber [...] Gelegenheit zu entweichen..."[42] Mit der bewährten Methode, den Juden betrügerische Absichten im Geschäftsleben zu unterstellen, unternahm der Verfasser einer *Geheimen Geschäftssprache der Juden,* ein notorischer Antisemit Johann Friedrich Sigmund Frhr. von Holzschuher (1796-1861), der sich bezeichnenderweise Itzig Veitel Stern

---

innerung. Jüdische Autoren in der westdeutschen Nachkriegsliteratur, Berlin,Wien 2001.

40 Hartmut Zelinsky, „Die ‚feuerkur' des Richard Wagner oder die ‚neue religion' der ‚Erlösung' durch ‚Vernichtung'", in: *Musik-Konzepte 5, Richard Wagner. Wie antisemitisch darf ein Künstler sein?* hrsg. v. Heinz-Klaus Metzger und Rainer Riehn, München 1978, S. 88.

41 Walter Tausk, *Breslauer Tagebuch 1933-1940*, Frankfurt a. M. 1977, S.182.

42 Stefan Rohrbacher, Michael Schmidt, *Judenbilder. Kulturgeschichte antijüdischer Mythen und antisemitischer Vorurteile*, Reinbek bei Hamburg 1991, S. 44.

nannte den Versuch, diese Funktion der Sprache der Juden ‚nachzuweisen':

> „Peinlich muß es uns dagegen berühren, wenn wir sprechen hören, ohne das zu verstehen, was gesprochen wird, und kann dieses peinliche Gefühl nur gesteigert werden, wenn wir der Befürchtung Raum geben könnten, daß die uns unverständliche Sprache zu unserem Nachteil gebraucht werde. In dieser unangenehmen Lage befinden sich nun alle diejenigen, welche der hebräischen, resp. der sogenannten Marktsprache unkundig sind."[43]

Die Vorwürfe gegen den Gebrauch der hebräischen Sprache durch Juden erfuhren seit dem Anfang des 19. Jahrhunderts eine Neubelebung, denn nun hatten die Romantiker die Juden und ihre heilige Sprache und nicht nur ihr Alltagsidiom, das Jüdisch-Deutsche, als zersetzendes Element für die deutsche Gesellschaft entdeckt. In Achim von Arnims Erzählung *Die Majoratsherren* (1819) benutzen die bösen jüdischen Gestalten das Hebräische für ihre finsteren Pläne – so die hexengleiche Stiefmutter der schönen Esther:

> „Unter dessen hatte der Leutnant schon ein Gespräch mit Esther angeknüpft, welche ihm Bescheid gegeben. Dieser zog den Majoratsherrn in den Laden der Esther, und nun erschallte hinter ihm ein fürchterliches Rabengekrächze aus dem Munde der alten Jüdin. In halb hebräischen Schimpfreden und im verzerrtesten Judendialekt zeihte sie die arme Tochter der Unkeuschheit." [44]

Die schöne Esther stirbt, und die Stiefmutter erbt das Vermögen, mit dem sie schließlich auch das alte deutsche Majoratshaus kauft – das jüdische Kapital zerstört, wie wir bereits erfahren haben, das deutsche angestammte Wesen.[45] Von Arnim stellt damit das Hebräische gleich dem Jüdisch-Deutschen bei ihr als die todbringenden Sprachen der schwarzen Magie dar.

Die Sprache der Juden kommt in allseits bekannter antisemitischer Absicht auch beim Volksschriftsteller Gustav Freytag im Roman *Soll und Haben* 1855 vor, der als Paradebeispiel dienen kann. Er konnte an Vorbilder wie Karl Borromäus Sessas Posse *Unser Verkehr* (aufgeführt 1815 in Berlin) anknüpfen, in der die Karikierung der jüdischen

---

43 Zit. n. Christoph Daxelmüller, Das „Mauscheln", ebd., S. 143f.

44 Achim von Arnim, *Erzählungen*, o. J., S. 364.

45 S. auch Gustav Kars, *Das Bild des Juden in der deutschen Literatur des 18. und 19. Jahrhunderts*, Freiburg 1988, S. 39.

Figuren mittels der Sprache erfolgte. Der jüdische Antiheld des Freytag'schen Romans, der häßliche, ungepflegte, bösartige Veitel Itzig spricht natürlich – als Kontrast zu dem sauberen, ordentlichen und ehrlichen deutschen Helden Anton Wohlfahrt – ein ‚verderbtes' Deutsch: „‚Wenn du diesem Baron *aufzählst hunderttausend Talerstücke, wird er dir doch nicht geben sein Gut, was er hat geerbt* von seinem Vater', sprach eine scharfe Stimme hinter Antons Rücken."[46]
Oder:

„‚Die Leute sagen, *daß du gehst nach der großen Stadt, um zu lernen das Geschäft'*... ‚Ich will warten, bis auch du gehst, wenn dir meine Kleider *nicht sind zu schlecht.'*...‚*Wenn ich nach der Stadt gehe zu lernen, so gehe ich zu suchen* die Wissenschaft, sie steht auf Papieren geschrieben. Wer die Papiere finden kann, der wird ein mächtiger Mann: ich *will suchen diese Papiere*, bis ich sie finde'... ‚Was ich dir sage, das erzähle keinem weiter. Die Papiere sind gewesen in unserer Stadt, einer hat sie gekriegt von einem alten sterbenden Bettler und ist geworden ein mächtiger Mann; der alte Schnorrer hat sie ihm gegeben in einer Nacht, *wo der andere hat gebetet* an seinem Lager, *ihm zu vertreiben den Todesengel'*."[47]

Es geht in diesem Stil so weiter, womit sich der Jude mit jedem weiteren Satz als noch unsympathischer, schlauer, durchtriebener erweist. Der Ausdruck „Schnorrer" zeigt auf die niedrige Sprachebene und auf die bereits erwähnte Verwandtschaft des jüdischen Idioms mit der Gaunersprache. Der Leser Gustav Freytags ahnt es – ein so sprechender Mensch ist schlecht und wird ein böses Ende nehmen, es sei denn, er nimmt sich ein Beispiel am guten Anton und – am besten – er bekehrt sich zum Christentum mit all seinen Tugenden.

Da Freytags Roman in den meisten deutschen Haushalten nicht nur gestanden hat, sondern auch gelesen wurde, prägte er ein negatives Bild des Juden, wie früher die öffentlichen Theaterspiele, nicht zuletzt mit Mitteln der Sprachdarstellung, denn nicht nur Veitel Itzig, sondern auch andere jüdische Gestalten werden darin pejorativ dargestellt:

„ [...] öffnet sich wieder die Tür, ein Bedienter tritt ein und ein Jude aus Brody. Der Diener bringt dem Kaufmann die Einladung zu einem Diner, und der Jude schleicht an die Ecke, wo Fink sitzt. ‚Wozu kommt Ihr wieder, Schmeie Tinkeles?' fragt Fink kalt, ‚ich habe Euch schon gesagt, daß wir kein Geschäft mit Euch machen wollen.' ‚Kein Geschäft?' ruft der un-

---

[46] Gustav Freytag, *Soll und Haben*. Roman, München 1976, S. 16, Hervorhebungen von mir.

[47] Ebd., S. 17f.

glückliche Tinkeles krächzend in abscheulichem Deutsch, so daß Anton ihn nur mit Mühe versteht.“[48]

Ein weiterer schlechter Jude in dem Roman ist der „Wucherer Hirsch Ehrenthal“. Sein Sohn Bernhard liegt zwar im Sterben, ist aber edel und gut, von zartem Gemüt, fast christlich, wie sein Freund Anton, während sein Vater eben nur von dem Gedanken besessen ist, auf ‚jüdische Weise‘ um jeden Preis sein Geld zu verdienen, auch wenn er andere damit ins Verderben stürzt. Der gute Mensch Bernhard spricht gutes Deutsch, sein böser Vater hingegen natürlich ‚verdorbenes‘:

> „‚Aufgeben!‘, versetzte Ehrenthal entrüstet. ‚*Wie kann ich aufgeben mein Geld? Wie kann ich aufgeben das Gut,* um das ich mich bemüht habe bei Tag und bei Nacht? *Wie kann ich aufgeben das größte Geschäft*, das ich gemacht habe in meinem Leben? Du bist ein ungehorsames Kind und machst uns Jammer um gar nichts... “[49]

Bei Freytag werden die jiddischsprechenden Ostjuden (‚Trödeljuden‘) mit verstärkt negativen Epitheta versehen.[50] Ähnlich schilderte die Juden und ihre Sprache Wilhelm Raabe in seinem vielgelesenen Roman *Der Hungerpastor* (1864). Die deutschen (West-) Juden hatten – Gilmans Raster des jüdischen Selbsthasses folgend – prompt diese Epitheta übernommen und schlugen – ganz unsolidarisch – mit ihnen auf die Ostjuden („Kaftanjuden“) ein, um sich von jenen positiv abzuheben. Das erlebte man ganz besonders stark seit den 80er Jahren des 19. Jahrhunderts bis zum Zweiten Weltkrieg in Wien oder in Berlin.

Dreißig Jahre nach Wagners Ausbrüchen hallte das Echo seiner Tiraden bei Heinrich von Treitschke wider. Während des sog. Berliner Antisemitismusstreits, der 1879 mit der Rede des Berliner Hofpredigers Adolf Stöcker und mit den Invektiven Heinrich von Treitschkes in

---

[48] G. Freitag, ebd., S. 43.

[49] Ebd., S. 337.

[50] Während die Mehrheit der Literaturwissenschaftler Freytags Roman in Eintracht als juden- und polenfeindlich empfindet, verteidigte ihn der Germanist Hans Otto Horch, als einen ‚konsequent Liberalen‘ relativierend: „Gustav Freytag [...] gilt in jüdischen Kreisen als engagierter Judengegner“ und meint ferner: „Hier zeigt sich ein allgemeines und bislang noch ungenügend erforschtes Problem der realistischen Erzählliteratur“, denn „Daß nichtjüdische Liberale wie Freytag noch weniger Sympathie mit den Ostjuden haben konnten, ist danach nicht verwunderlich“ und so spricht Horch im Zusammenhang mit *Soll und Haben* von einem ‚Konstruktionsfehler‘, s. „Judenbilder in der realistischen Erzählliteratur. Jüdische Figuren bei Gustav Freytag, Fritz Reuter, Berthold Auerbach und Wilhelm Raabe“, in: *Juden und Judentum in der Literatur*, hrsg. v. Herbert A. Strauss und Christhard Hoffmann, München 1985, S. 140-151.

seinem Artikel „Unsere Aussichten" in den *Preußischen Jahrbüchern* seinen Anfang nahm und zahlreiche jüdische Gegenstimmen provozierte, konnte man die Wirkung des Sprachen-Vorurteils, das gegen die Juden massiv angewandt wurde, auf die Juden selbst erkennen. Die Dokumentation dieses Streits macht das Scheitern der angestrebten Emanzipation der Juden in Deutschland sichtbar, wobei das Problem der Sprache an zentraler Stelle dieser Debatte um die „Judenfrage" stand. In den jüdischen Repliken auf Treitschke, wie etwa in dem offenen Brief von Rabbiner Manuel Joel, liest man zum Beispiel:

> „Ihre Erfahrung ist falsch. Der *polnische* Jude, das ist der *deutsche* Jude, der einst nach Polen getrieben worden. Wie zähe er an seinem Deutschthum festhielt, beweist der überraschende Umstand, daß die Juden in Polen und Rußland noch bis heutigen Tages deutsch, natürlich *verdorbenes Deutsch* reden."[51]

Eine weitere Erwiderung des Historikers Harry Breßlau *Zur Judenfrage. Sendschreiben an Herrn Professor Dr. Heinrich von Treitschke* enthält noch stärkere Formulierungen: „Moses Mendelssohn mußte erst beginnen durch seine Bibelübersetzung seine Stammesgenossen deutsch lesen und reden zu lehren, um den *widerwärtigen Jargon der Ghetti*, der bis dahin ihre Sprache war, zu verdrängen."[52] Breßlau entgeht allerdings nicht der Apologetikfalle, denn er argumentiert ambivalent, indem er sich der Kluft zwischen den „edlen", guten und gebildeten, – also seiner Klasse – und den „gemeinen", den „anderen", Juden bedient:

> „Julian Schmidt hat einmal mit Recht hervorgehoben, wie man sich in Deutschland eine Gemeinvorstellung von den Juden gerade nach den niedrigsten Elementen bilde, denen man am häufigsten begegne. Die Juden, die man in der Literatur und auf der Bühne vorführt, sind entweder jene edlen und guten Gestalten, jene Ideale, die aber dann als Ausnahmen erscheinen, oder es sind Trödler, Hausierer und Wucherer, die durch ihre Sprache die Lachlust und durch ihr gemeines Gebahren die billige Entrüstung der Menge erregen."[53]

Die Distanzierung des „guten" Juden von seinen „schlechten" Volksgenossen nutzte aber wenig, auch die Bemühungen mancher

---

[51] Hervorhebung von mir. Zit. n. *Der Berliner Antisemitismusstreit*, hrsg. v. Walter Boehlich, Frankfurt a. M. 1965, S. 19.

[52] Ebd., S. 64.

[53] Ebd., S. 75.

jüdischen Disputanden in diesem Streit, Treitschke zu überzeugen, es gäbe zweierlei Juden (s. o.) schlugen fehl, denn Treitschke ging sogar so weit, seinen Widersacher, den renommierten jüdischen Historiker Heinrich Graetz, zu verhöhnen als einen „Orientale(n), der unser Volk weder versteht noch verstehen will; er hat mit uns nichts gemein, als daß er unser Staatsbürgerrecht besitzt und sich unserer Muttersprache bedient – freilich um uns zu verlästern.“[54] Treitschke hat außerdem die von ihm befürchteten Gefahren für das deutsche Pressewesen heraufbeschworen, die ihm von den angeblich darin so überaus zahlreich vertretenen Juden drohten. So konnten die während der Weimarer Republik von rechts aufkommenden, ähnlich klingenden Töne, an seine Attacken gegen Ludwig Börne anknüpfen:

> „Börne hingegen redet jene abstracte journalistische Bildungssprache, die wohl glänzen und blenden kann, doch niemals wahrhaftig mächtig, niemals wahrhaft deutsch ist; ihr fehlt der Erdgeruch, die ursprüngliche Kraft; die Worte sinken nicht in des Hörers Seele... Nur die anmaßende Mittelmäßigkeit...versucht, die Marktschreierei der Geschäftswelt in die Literatur, das Kauderwälsch der Börse in das Heiligthum unserer Sprache einzuführen.“[55]

Dabei hat Treitschke, anders als sein Vorbild Wagner, Heine wiederum durchaus positiver eingeschätzt und ihm die Schöpfung „unsterblicher deutscher Werke“ zugebilligt.

Anfang des 20. Jahrhunderts machte sich bei den Literaten in Wien und Prag eine Sprachkrise bemerkbar, die der politischen Krise und sogar der physischen Vernichtung vorauseilte. Hugo von Hofmannsthals *Brief des Lord Chandos* (1902) gilt, wie wir wissen, als der Schlüsseltext für diese Entwicklung: der Geist, in der Vorahnung des Zusammenbruchs des liberalen Humanismus, verliert das Vertrauen in den Akt der Kommunikation selbst. Laut Georg Steiner war eine der prominentesten Stimmen in der Polemik gegen die Verlogenheit und Inadäquatheit der Sprache neben Fritz Mauthner bekanntlich Karl Kraus. An dieser „Sprachrevolution“ und „dieser außerordentlichen Neubewertung der Sprache“, wie sie Steiner nennt, waren auch Ludwig Wittgenstein, Elias Canetti, Hermann Broch und Franz Kafka beteiligt, was Steiner fragen läßt:

> „In der Hohlheit und dem Tode des Wortes haben Mauthner, Wittgenstein und Broch die Erkrankung einer ganzen Zivilisation erkannt. (Die domi-

---

[54] Walter Boehlich, ebd., S. 43.
[55] Ebd., S. 85.

nierende Rolle der Juden in dieser von Terror und Genius gezeichneten Bewegung wäre einer näheren Überprüfung wert. Besaß der Jude eine besondere Affinität zum Leben der Sprache, weil das geschriebene Wort über einen so langen Zeitraum hinweg seine eigentliche Heimat gewesen ist?)."[56]

Es wäre aber möglich, daß diese Denker, weil sie Juden waren, gerade deshalb so seismographisch reagiert haben, weil für sie in der Geschichte die Sprache von existentieller Bedeutung gewesen war und nicht primär deshalb, weil sie dem „Volk des Buches" angehörten.

Karl Kraus wird zur Kategorie der „selbsthassenden Juden" gezählt.[57] Steiner nennt dessen „Sprachpolemiken [...] eines der wenigen Beispiele der Poesie der Verachtung in der Literatur" und weist darauf hin, daß „die manische Überzeugung von Kraus, daß Klarheit und Sauberkeit der Syntax der unbestechliche Prüfstein der Gesellschaft seien".[58] Dieser „Selbsthasser" hat einen nachhaltigen Schaden an der eigenen und der jüdischen Identität anderer angerichtet. Der böhmische Jude Kraus (1874-1936) trat 1897 aus der jüdischen Religionsgemeinschaft aus und 1911 zum Katholizismus über, von dem er sich 1923 wiederum abwandte. Die Zeitschrift *Die Fackel* wurde für ihn zum Forum seines Kampfes gegen die ‚Verlotterung der Sprache'. Zu seinen Hauptgegnern wählte er Juden und typische Vertreter der ‚jüdischen Sprache' oder Sprechweise, zu denen er Alfred Kerr, Felix Salten, Sigmund Freud, Theodor Herzl, vor allem aber, wie schon erwähnt, Heinrich Heine zählte. Kraus warf ihnen allen wörtlich ‚Jüdeln' und ‚Mauscheln' vor, am schlimmsten rechnete er jedoch mit Heine in seiner o. g. berühmt-berüchtigten Schrift *Heine und die Folgen* ab, in der er ihm die Verfremdung der deutschen Sprache und die Verbreitung der Unkultur vorhielt:

„Ohne Heine kein Feuilleton. Das ist die Franzosenkrankheit, die er uns eingeschleppt hat. Wie leicht wird man krank in Paris! Wie lockert sich die Moral des deutschen Sprachgefühls! Die französische gibt sich jedem Fi-

---

[56] In: *Exterritorial. Schriften zur Literatur und Sprachrevolution*, Frankfurt a. M. 1974, S. 109ff.

[57] Vgl. Ritchie Robertson, „The Problem of ‚Jewish Self-Hatred' in Herzl, Kraus and Kafka", in: *Oxford German Studies* 16/1985. Josef Quack findet jedoch, daß Robertson aufgrund seiner selektiven Textinterpretation Kraus am wenigsten gerecht werde, denn er stütze sich auf einen frühen *Fackel*-Artikel, der nicht von Kraus stammt, ohne sich dessen bewußt zu sein, vgl. „Der Prozeß des Träumers und das Gericht des Satirikers, Notizen zu Franz Kafka und Karl Kraus", in: J. Q., *Die fragwürdige Identifikation. Studien zur Literatur*, Würzburg 1991, S.23, Anm. 79.

[58] Steiner, ebd., S. 109.

lou hin. Vor der deutschen Sprache muß einer schon ein ganzer Kerl sein, um sie herumzukriegen, und dann macht sie ihm erst die Hölle heiß. Bei der französischen aber geht es glatt, mit jenem vollkommenen Mangel an Hemmung, die die Vollkommenheit einer Frau und der Mangel einer Sprache ist [...] Heinrich Heine, der der deutschen Sprache so sehr das Mieder gelockert hat, daß heute alle Kommis an ihren Brüsten fingern können [...] Heine war ein Moses, der mit dem Stab auf den Felsen der deutschen Sprache schlug. Aber Geschwindigkeit ist keine Hexerei, das Wasser floß nicht aus dem Felsen, sondern er hatte es mit der andern Hand herangebracht; und es war Eau de Cologne."[59]

Kraus, der Jude, schrieb dies, um sich selbst vom Verdacht und Makel des ‚Jüdischen' zu befreien,[60] und sich wohl als Patrioten darzustellen, darum schreckte er auch nicht vor antifranzösischen Tönen schlimmster Sorte zurück, wie sie bei den von ihm andererseits verpönten „Deutschnationalen" gegenüber dem „welschen Erzfeind" gebräuchlich waren. Er erinnert auch an Achim von Arnims antijüdische und antifranzösische Polemik in der oben erwähnten Novelle *Die Majoratsherren*. Neben seinen Anzüglichkeiten gegen die Frauen hat Kraus Heine, wie Peters in seinem Buch *Heinrich Heine „Dichterjude"* anführt, anderswo mit kaum begreiflichen, den Antisemiten entlehnten Invektiven belegt, insbesondere dessen ‚zersetzende' Sprache, welche die Sprache der „Juden" sei; die Sprache „der List, Verschlagenheit, Heuchelei und Lüge".[61] Den „Zionisten" Felix Salten bezichtigte er, „Jüdelnde Hasen" geschaffen zu haben. Nach der Schoah kann man den folgenden Text nur mit Schauder lesen:

„Nichts geht doch über den Instinkt der Tiere. Aber daß sie sich sprachlich so dem Feind assimiliert haben, ist überraschend. Vielleicht eine Mimikry zum Schutz vor Verfolgung? Aber da sollte nur im Moment der Gefahr gejüdelt werden, man gewöhnt es sich leicht an; wenn sie unter sich sind, könnten sie deutsch reden. Wie immer dem sei, man ist auf die Fortsetzung gespannt. Das kann ja, wenn dann noch Er dazukommt, ein fröhliches Gejaide werden!"[62]

Josef Quack betont in seinem Aufsatz über Franz Kafka und Karl Kraus, daß die Sprache für Kraus „immer in Opposition zur Nation" stehe. Er hat „gewiß hellhörig alle Judaismen in Rede und Schrift

---

[59] Karl Kraus, *Magie der Sprache. Ein Lesebuch*, hrsg. und mit einem Nachwort v. Heinrich Fischer, Frankfurt a. M. 1974, S. 171, 174, 191.

[60] Peters, ebd., S. 136f.

[61] Ebd., S. 141.

[62] *Magie der Sprache*, S. 81f.

getadelt, die er wahrnahm. Seine Forderung nach Sprachreinheit und korrektem Deutsch entsprach durchaus den Normvorstellungen der Juden, die sich in die deutsche und österreichische Gesellschaft integrieren wollten.“[63] Das war auch der Fall bei einem anderen „jüdischen Selbsthasser“, Fritz Mauthner, der schrieb: „Der Jude wird erst dann Volldeutscher, wenn ihm Mauschelausdrücke zu einer fremden Sprache geworden sind.“[64] Fritz Mauthner (1849-1923), wie Kafka ein „böhmischer Jude“, war eine Zeitlang Theaterkritiker des *Berliner Tageblatts.* Er hatte in seiner Autobiographie von 1918 geschrieben:

> „Ich war von Abstammung Jude [...] und habe die jüdische Religion und jüdische Sitten eigentlich niemals kennengelernt; höchstens häufiger als ein deutsches Kind die jüdische Sprachweise und Mauschelausdrücke gehört.“ [65]

„Jude zu sein bedeutete für ihn, zu sprechen wie ein Jude“, folgert daraus Gilman, der Mauthner „als ein ausgezeichnetes Beispiel für einen assimilierten Juden, dessen Selbstverständnis entscheidend von der Einstellung der anderen zu seiner Sprache mitgeprägt wurde“, sieht. Und Gilman stellt den Ausbruch des „jüdischen Selbsthasses“ gerade im 20. Jahrhundert anhand von Gestalten wie Mauthner, Otto Weininger und Karl Kraus als ein Phänomen dar,[66] was nach dem Massenmord an Juden durch die Nationalsozialisten besonders tragisch anmutet, denn Hitler und die Nationalsozialisten konnten mit ruhigem Gewissen auf den innerjüdischen Kritiker Kraus zurückgreifen, um Heines Bücher und deren Leser zu verbrennen. Sprachliche Ausgrenzung führte bekanntlich zur physischen Vernichtung. Daß manche Juden – auch nicht-„selbsthasserische“ – versuchten, aus einer solchen Falle mit der – allzuhäufig mißlungenen – Flucht aus der eigenen in eine andere Identität zu gelangen, verwundert nicht mehr, sollte aber allen als Warnung dienen, die die Macht der Sprache unterschätzen.

So befaßte sich auch mit dem literarischen Antisemitismus der französische Forscher Pierre Angel in seinem Buch *Le personnage juif dans le roman allemand (1855-1915). La racine littéraire de l'antisémitisme Outre-Rhin* (Die Figur des Juden im deutschen Roman. Die

---

63 J. Quack, ebd., S. 22.

64 Fritz Mauthner, *Beiträge zu einer Kritik der Sprache*, Erster Band, Frankfurt a. M. 1982, S. 540f., zit. n. Quack, ebd.

65 Gilman, ebd., S. 132.

66 Gilman, ebd., S. 131f.

literarische Wurzel des Antisemitismus jenseits des Rheins) vom Jahre 1973, worin er eine direkte Linie vom Antisemitismus des 19. Jahrhunderts bis hin zum Massenmord an Juden durch die Nationalsozialisten zieht.

Wenn aber Alfred Döblin in seinem Roman *Berlin Alexanderplatz* von 1929 die Juden im Osten Berlins naturgetreu schildert, läßt er sie, wie Margit Frank betont[67]:

> „um den verstörten Biberkopf nach jüdischer Art die Anrede in zweiter Person Plural gebrauchen, aber sonst meist hochdeutsch sprechen [...] Aber auch Biberkopf und seine Freunde verwenden, wie viele Bewohner der Stadt mit der größten jüdischen Bevölkerung Deutschlands, die die Mundart erheblich beeinflußte, ‚jüdische' Ausdrücke [...] Biberkopf gehört durch seinen Umgang mit Huren, ‚Luden' und Kleinverbrechern zur berlinischen Unterwelt, in der die Gaunersprache, mit vielen jüdischen Glossen untermengt, heimisch war".

Bei Döblin ist der Gebrauch der jiddisch-angereicherten Sprache im Alltag und Milieu der nichtjüdischen Gauner im Berliner Scheunenviertel ohne den aggressiv negativen Beiklang, eher als Feststellung einer gegenseitigen „kulturellen" Durchdringung, und hat m. E. keinen feindseligen Ton Juden gegenüber, so daß bei ihm „jüdischer Selbsthaß" nicht diagnostiziert werden kann.[68]

Der erste, der den Begriff „Der jüdische Selbsthaß" prägte, war Theodor Lessing, der 1930 ein Buch unter diesem Titel veröffentlichte.[69] Wie Boris Groys meint, war Lessing selbst von Nietzsches arischem Antisemitismus stark angezogen, bei dem das Judentum zur Triebkraft der Weltgeschichte wurde, „ohne die die arischen Völker in ‚Liebe zum Schicksal' erstarren würden; man könnte sogar sagen, das Judentum sei jenes Schicksal, welches den Ariern eben deshalb zu lieben anstehe, weil es sie zugrunde richtet."[70] Lessing aber sah die Lösung des Problems im Zionismus, und im Zionismus hat ja das

---

[67] Margit Frank, *Das Bild des Juden in der deutschen Literatur im Wandel der Zeitgeschichte. Studien zu jüdischen Gestalten und Namen in deutschsprachigen Romanen und Erzählungen 1918-1945*, Freiburg 1987, S. 105. Auch: Andreas Nachama, *Jiddisch im Berliner Jargon oder Hebräische Sprachelemente im deutschen Wortschatz*, Berlin 1994, wobei dieses Buch zahlreiche Ungenauigkeiten enthält.

[68] Wiewohl ihn Matthias Richter in seiner breitangelegten Studie in einem Atemzug zusammen mit Karl Kraus nennt: *Die Sprache jüdischer Figuren*, S. 130.

[69] Zum jüdischen Selbsthaß und manch anderen hier besprochenen Themen ist Hans Mayers *Außenseiter*, Frankfurt a. M. 1975, zu nennen.

[70] Boris Groys, Vorwort zu Theodor Lessing, *Der jüdische Selbsthass*, München 1984, S. XXXII.

Hebräische und nicht das dem Verdacht des „Mauschelns“ ausgesetzte Jiddische schließlich den Sieg als die Sprache des Judenstaates errungen. Und in der Tat erwies sich die Hinwendung zum Zionismus und die Wiederbelebung der nationalen jüdischen Identität als eine brauchbare Antwort auf den Antisemitismus. Allerdings war diese Antwort wiederum durch die „selbsthasserischen Juden“, die einen Staat Israel ablehnten, in Frage gestellt.

Bis in unsere Tage spielt das Thema „jüdische Sprache“ in der Literatur eine problematische Rolle und wird zum Teil skandalös thematisiert. So schildert der protestantische Theologe Albrecht Goes, der sich ansonsten mit der Schoah literarisch durchaus angemessen auseinandersetzt, in seiner Erzählung *Das mit Katz* einen Juden, der das „3. Reich“ in einem Berliner Mietshaus überlebt, weil er angeblich andere Juden an die Nationalsozialisten verrät. Die arische Hausgemeinschaft erträgt ihn widerwillig, verrät ihn aber nicht, weil er vermeintliche Beschützer in höheren Kreisen habe, bis ein junger Vikar – Kriegsleutnant – im März 1945 von der Front nach Hause kommt. Nachdem er von Katz' angeblichen Aktivitäten erfährt, beschließt er diesem wörtlich die Leviten zu lesen, und zwar in fehlerhaftem Hebräisch, der Sprache der Juden, die er als Theologe gelernt hat. Der Offizier herrscht Katz an, duzt den angeblichen ‚Judas', nennt ihn „Jude Katz“, während dieser ihn siezt, einen ‚österreichischen Akzent' hat und in der Art der Ostjuden spricht: „Nu, Herr Leutnant, was wollte ich machen? Man will doch leben“ oder „Herr Leutnant, ich habe Tora gelernt. Ich habe beim Rebbe Baeck in Lissa Tora gelernt.“ Danach zwingt der selbsternannte Militärrichter den Juden Katz, etwas zu tun, was den Juden verboten ist, nämlich ihm einen Eid auf Gott zu schwören, und zwar „in der Heiligen Sprache“, daß er nicht töten werde.[71] Auf eine der unheiligsten antisemitischen Traditionen der Christenheit zurückgreifend, den Judeneid zu fordern, vermeint der ‚gute Christenmensch' hier, richtig zu handeln, und das Hebräische scheint ihm als der Garant für den erzieherischen Effekt auf den ‚schlechten' Juden zu sein.[72]

---

[71] Albrecht Goes, *Das mit Katz. Eine Erzählung*, Frankfurt a. M. 1984.

[72] Einem ähnlichen, sehr verräterischen Denkfehler, ist im Zusammenhang mit der Diskussion um das geplante Berliner Mahnmal für die Ermordeten Juden Europas der protestantische Theologe Richard Schröder verfallen, der mit einem öffentlichen Vorschlag aufgetreten ist, auf dem Mahnmal in hebräisch die Worte „Lo tirzach“, du sollst nicht morden, einzugravieren. Daß er damit wohl eher die des Hebräischen kundigen Juden als die deutschen Nichtjuden für die angemessenen Adressaten der Mahnung hält, ist sehr befremdlich.

Doch dies ist, wie schon erwähnt, kein ausschließlich deutsches Phänomen, so auch im England der Renaissance bei Shakespeare und Marlowe oder im 19. Jahrhundert etwa bei Dickens. Auch dort, wo die Schriftsteller keine erklärte böse Absicht hegen, karikieren sie häufig die Sprache der Juden: Zum Beispiel hat sich George Eliot in ihrem letzten Werk den Juden zugewandt, die dort außerhalb des allgemeinen Bewußtseins lebten. In dem Roman *Daniel Deronda* (1876), der zwar von fachbezogenen Studien der nunmehr an Juden interessierten bzw. mit ihnen sogar sympathisierenden Autorin zeugt, und dennoch nicht frei von antisemitischen Tönen ist, wird die Sprache in der Frankfurter Judengasse entsprechend als „vulgar" wiedergegeben:

> „Meanwhile at the opposite counter a deaf and grisly tradesman was casting a flinty look at certain cards, apparently combining advantages of business with religion, and shoutingly proposed to him in Jew-dialect by a dingy man in a tall-coat hanging from neck to heel, a bag in hand, and a broad low hat surmounting his chosen nose – who had no sooner disappeared than another dingy man of the same pattern issued from the backward glooms of the shop and also shouted in the same dialect."[73]

Es gibt bei Eliot die „höheren" und die „niedrigeren" Juden, von denen viele „schlecht" („bad") seien, wie die jüdische Heldin Mirah, selbst Tochter eines solchen „schlechten Juden", wiederholt beklagt. Diese „schlechten Juden" sprechen auch die „vulgäre" Sprache.

In der französischen Literatur kann Honoré Balzac als Beispiel für eine ähnliche stereotype Sicht der Juden dienen. Der jüdische Mann ist, so F.-R. Hausmann, wenn er in seinen Werken auftritt, in vorgerücktem Alter und übt den Beruf des Bankiers oder Wucherers aus. Der Herkunft der Juden aus den östlichen Provinzen entsprechend, ist er meist ein Elsässer, gelegentlich auch ein holländischer Jude, in jedem Fall jemand, der schlecht französisch spricht und französisch mit stark germanischem Akzent kauderwelscht – so in der *Comédie Humaine* (Gobseck) und in anderen Schriften.[74]

Auch in der polnischen Literatur des 19. und 20. Jahrhunderts finden wir Ähnliches bezüglich der für polnische Ohren singend und „jiddelnd" klingenden Sprache der polnischen Juden, welche „żydłaczy" (d. h. auf polnisch verächtlich „jiddelt"). Das findet sich auch bei

---

[73] George Eliot, *Daniel Deronda*, Harmondsworth, Middlesex, England, 1977, S. 415.

[74] Frank-Rutger Hausmann, „Juden und Judentum in der französischen Literatur des 19. Jahrhunderts", in: *Conditio Judaica, Judentum, Antisemitismus und deutschsprachige Literatur vom 18. Jahrhundert bis zum Ersten Weltkrieg*, 2. Teil, hrsg. v. Hans Otto Horch und Horst Denkler, Tübingen 1989, S. 60.

„wohlmeinenden" Autoren wie dem Dramatiker Stanisław Wyspiański, der in seinem Klassiker der Jahrhundertwende, *Die Hochzeit* (1901), den authentischen jüdischen Wirtshauspächter aus Bronowice Hersz Singer samt der Tochter Pepka als „den Juden" und dessen schöne Tochter Rachel verewigte. Hersz Singer wird ‚jiddelnd', also nicht korrekt polnisch sprechend, dargestellt. Übrigens war Pepka, die Tochter, in Wirklichkeit gebildet und eine polnische Patriotin, die sich 1918 oder 1919, als Polen unabhängig wurde, hat sogar taufen lassen.[75]

Zwischen den beiden Weltkriegen warfen die polnischen gleich den deutschen Antisemiten den jüdischen Schriftstellern natürlich prompt vor, die polnische Sprache zu verunstalten, sie zu vergiften. So im Fall des Publizisten Adolf Nowaczyński gegenüber Julian Tuwim, dem Erneuerer der polnischen Literatur auch und gerade in sprachlicher Hinsicht, genialen, sehr polonisierten Dichter und dessen Literatengruppe „Skamander", der mehrere andere Juden angehörten: „Mojschepolis" und „jüdisches Aquarium" lautete Nowaczyńskis Urteil über sie. 1934 wurde Tuwim auch vom Führer der polnischen ‚Nationaldemokraten', einer faschistischen Gruppierung, in deren Zeitschrift *Myśl Narodowa* (Nationales Denken) angegriffen. Jener „riet" Tuwim, einen schwarzen Mantel, wie ihn die Chassidim tragen, anzuziehen, ins Ghetto zurückzukehren und jiddisch zu schreiben.[76] Tuwim wehrte sich gegen diese unqualifizierten Angriffe, unter anderem mit dem Argument, er kenne Jiddisch nicht, aber auch er erlag der Versuchung, wie viele andere in dieser Situation, sich von der weniger assimilierten Schicht polnischer Juden und auf deren Kosten abzuheben. In seinen Erinnerungen an die Kindheit in Lodz schrieb er im gleichen Jahr die schockierend anmutenden Zeilen:

> „Und eine fürchterliche Masse schwarzer jüdischer ‚Uniformen'. Ihre Träger verwenden eine scheußliche, röchelnde, wiederum halb-deutsche Sprache. Natürlich fern vom Antisemitismus, war ich immer, bin und werde ein Gegner der uniformierten Bartträger und ihres hebräisch-deutschen Mischmasch sein sowie ihrer traditionellen Verstümmelung der polnischen Sprache. Es ist höchste Zeit, meine Herren, die langen Schöße der Kaftane

[75] Vgl. Roman Brandstaetter, Ja jestem Żyd z ‚Wesela' (Ich bin der Jude aus der ‚Hochzeit'), Poznań 1983, S. 21.

[76] Elvira Grözinger, „Julian Tuwim – ein polnischer Dichter", in: *Exil* 1/1983, S. 34; dies., „Das ‚Judenkind' und ‚schreckliche Bürger'. Ein Panoptikum der Zwischenkriegsjahre in Julian Tuwims Lyrik", in: *Juden und Judentum in Literatur und Film des slavischen Sprachraums. Die geniale Epoche*, hrsg. v. Peter Kosta et. al., Wiesbaden 1999, S. 155-172.

und die gelockten Schläfenlocken abzuschneiden, und auch Respekt für die Sprache des Volkes zu lernen, in dessen Mitte Sie leben. Das schwarze chassidische Gesindel blieb in der Erinnerung an das alte Lodz wie ein Alptraum.“ [77]

Später, während des Krieges, revidierte Tuwim angesichts des Massenmordes an Juden seine diesbezügliche Haltung und solidarisierte sich mit allen seinen Glaubensbrüdern, auch diesen. Dennoch blieben seine diskriminierenden Worte von damals im Gedächtnis der Leser.

Bis heute sind diese Sichtweisen tradiert. In dem Roman aus den letzten Jahren, *Weiser Dawidek* (1987), des polnischen Autors Paweł Huelle (Jahrgang 1957), über einen jüdischen Waisenjungen im Nachkriegspolen, der vor seinen Altersgenossen allerlei mysteriöse Wunder zu vollbringen vermag, wird, wenn auch nicht feindselig, das Sonderbare und Fremde am Jüdischsein erneut im Zusammenhang mit der Sprache geschildert:

„Weiser fiel auf den Boden. Rötlicher Dunst umschwebte seine Gestalt, und im Kerzenlicht sah ich wirbelnde Staubwolken von derselben Farbe. Ich kam nicht dazu, zu denken, daß gerade die Stille so schrecklich und grausig klang, da machte Weiser den Mund auf, als wollte er Luft holen, und wir vernahmen eine tiefe männliche Stimme, die irgendwelche abgerissenen Ausdrücke in einer unverständlichen Sprache von sich gab [...]. Anfangs hielt ich es für eine Sinnestäuschung, aber Weisers Füße erhoben sich immer deutlicher über den Boden. Ja, sein ganzer Körper schwebte jetzt in der Luft...“[78]

Eine Art Dybbuk-Gestalt... Paweł Huelle will zwar dem Antisemitismus in Polen geradezu entgegenwirken, unbewußt aber tradiert er die alten Vorurteile weiter, indem er in einem Land, nun fast ohne lebende Juden, auf überkommene Stereotypen zurückgreift. Die gleichen „Stolperfallen“ sind auch bei den „wohlwollenden“ Judendarstellungen in der deutschen Literatur „nach Auschwitz“ zu finden, wie Heidy H. Müller nachgewiesen hat.[79]

---

[77] Julian Tuwim, Band V, *Pisma Prozą*, Opracował Janusz Stradecki, Warszawa 1964, S. 34.

[78] Paweł Huelle, *Weiser Dawidek*. Roman. Aus dem Polnischen von Renate Schmidgall, Frankfurt a. M. 1990, S. 137f. S. auch meine Rezension, „Das Kind Weiser Dawidek“, in: *Der Landesverband der Israelitischen Kultusgemeinden in Bayern*, Nr. 44/1990; vgl. E. Grözinger, „Das polnische-deutsch-jüdische Dreiecksverhältnis als Thema der polnischen Gegenwartsliteratur“, in: *Mythen und Stereotypen auf beiden Seiten der Oder*, hrsg. v. Hans Dieter Zimmermann, Berlin 2000.

[79] Heidy H. Müller, *Die Judendarstellung in der deutschsprachigen Erzählprosa (1945-1981)*, Königstein/Ts., 2. Aufl. 1986, S. 13, 187.

Daß der Antisemitismus, wie wir gesehen haben, in bestimmten historischen Situationen eine doppelte Wirkung haben kann, indem er die jüdische Identität der einen schwächt und zugleich die der anderen stärkt,[80] ist ein Phänomen der Moderne, denn vor der Moderne, so Mayer, schwächte der Antisemitismus die jüdische Identität selten. Eine Ausnahme waren die Juden im Spanien des 14. /15. Jahrhunderts, die in großen Zahlen zum Christentum konvertierten. In diesem Zusammenhang ist es interessant, auf den Leserbrief einer spanischen Studentin hinzuweisen, der genau diesen Sachverhalt trifft, hier nämlich auf die identitätsstiftende Wirkung des Antisemitismus bei Juden:

> „Seit vier Monaten lebe ich als Teilnehmerin des Erasmus-Studenten-Austauschprogramms hier in Berlin, seit eineinhalb Monaten in der Tiergartener Lewetzowstraße, in der sich ein Denkmal befindet. Es ist den Berliner Juden gewidmet, die von diesem Punkt aus nach Auschwitz deportiert und ermordet wurden. Ich bin 24 Jahre alt. Dies ist mein erster Aufenthalt außerhalb Spaniens, wo ich zur Zeit Jura in Salamanca studiere. Der Zweck des von der EU gestifteten Erasmus-Programms ist es, nicht nur Hochschulausbildungen für Studenten wie mich zu ermöglichen, sondern auch eine vielfältige persönliche, europäische und nationale Identität zu vermitteln. In meinem Fall gibt es noch eine zusätzliche Komponente, mit der ich mich hier in Deutschland auseinandersetzen muß, nämlich: meine jüdische Identität.
> Es sagt viel über die Geschichte Spaniens und Deutschlands aus, daß ich meine jüdische Identität hierzulande und zum ersten Mal ernsthaft entdeckte. In Spanien ist der Verlust jüdischer Kultur nicht mehr zu spüren, hier überall. Als Teil dieser Auseinandersetzung habe ich ab und zu Blumen neben das Denkmal in meiner Straße gelegt, jedesmal sind sie kurz danach verschwunden. Am Anfang versuchte ich, nicht beunruhigt zu sein und dem Vorfall keine Bedeutung beizumessen. Aber die letzten beiden Male waren die Blumen abgeschnitten, auseinandergerupft und auf den Boden geworfen. Ich frage mich, warum? Mögen andere Leute dies als eine Banalität bezeichnen, für mich ist es keine. Aus meiner Sicht handelt es sich um ein Stück Gewalt, das meine wachsende Identität als Europäerin und Jüdin mitprägen wird.“[81]

Eine historische Stärkung der jüdischen Identität bedeutete die schon genannte Entstehung des Zionismus am Ende des 19. Jahrhunderts und die Wiederentdeckung des Hebräischen als der nationalen Sprache des jüdischen Volkes. Mit der Gründung des Staates Israel 1948 war das Hauptziel der zionistischen Bewegung erreicht, nicht

---

80 Michael A. Mayer, ebd., S. 48f.
81 *Der Tagesspiegel*, Berlin, 24. März 1997, Miriam Valle Mora Quilonn.

aber die Fragen bezüglich der jüdischen Identität erschöpfend beantwortet, obwohl die Rahmenbedingungen dafür geschaffen waren. Dennoch, auch in den jüdischen Kreisen außerhalb Israels ist eine Entwicklung eingetreten, die die jüdische Identität erneut mit der hebräischen Sprache in engen Zusammenhang bringt. In den jüdischen Gemeinden werden Kinder an jüdischen Schulen auch in Hebräisch unterrichtet, die jüdischen Wohlfahrtsverbände und die zionistischen Organisationen veranstalten Jugendaktivitäten, in denen Hebräisch unterrichtet und gesprochen wird. Ezer Weizmann, Präsident des Staates Israel, hat bei seinem Besuch in der Bundesrepublik Deutschland im Januar 1996 folgerichtig dieser Entwicklung eine hohe Bedeutung beigemessen, wenn er sagte:

> „Doch über alle diese Dinge hinaus, die in jedem zivilisierten Staat existieren, haben wir ein besonderes Kulturwunder vollbracht: Wir haben unsere Sprache – die hebräische Sprache – zu neuem Leben erweckt. Es ist die Sprache, in der ich jetzt zu Ihnen spreche, die mehr als alles andere Symbol und Zeugnis für unsere Wiedergeburt ist. Wir und unsere Sprache leben. Wir, die wir uns aus der Asche erhoben haben, und unsere Sprache – die in den Leichentüchern der Thorarollen und zwischen den Seiten der Gebetsbücher gewartet hat – leben. Die Sprache, die nur im Gebet geflüstert, nur in Synagogen gelesen und nur in religiösen Texten gesungen wurde, die Sprache, die in den Gaskammern – im Gebet ‚Schema Yisrael' – geschrieen wurde – sie ist zu neuem Leben erwacht [...] Diese beiden Toten, die nach so vielen Jahren wieder zum Leben erwacht sind – der jüdische Staat und die hebräische Sprache – sind die Hauptelemente unseres Wesens in diesem Jahrhundert. Gerade in diesem Jahrhundert, das uns als Vernichtete und Tote gesehen hat, sind wir zum Leben auferstanden. Und diese Sprache, die wir im Exil nur mit Gott sprachen, sprechen wir heute in unserem Lande miteinander [...] Kann es ein größeres Wunder geben?"[82]

Und in der Tat hat sich die Situation grundlegend verändert, seit David Ben Gurion 1935 vom Zionistischen Kongreß in Luzern an seine Frau geschrieben hatte:

> „Ist *Erez Israel* in der Lage, sehr viele Juden aufzunehmen – und wenn ja, wie kann dies durchgeführt werden? [...] Hierauf konzentrierte ich mein Referat am zweiten Tag des *Kongresses.* Ich mußte während des Vortrages zwei Hindernisse überwinden, das der Zeit und das der Sprache: [...] Etwas, was ich tief empfinde, kann ich nur in *Iwrith* darlegen. Aber es gibt viele Teilnehmer am Kongreß, die kein *Iwrith* verstehen. Ich war daher gezwungen, in einer Sprache zu reden, die fast allen Zuhörern bekannt ist: in

[82] Zit. n. *Frankfurter Allgemeine Zeitung* v. 17.01.1996.

der *jiddischen*. Dies fiel mir sehr schwer, denn ich mußte während der Rede meine Gedanken aus dem *Iwrith* übersetzen, und oft fehlten mir die *jiddischen* Worte. Daher konnte ich nur mit Mühe sprechen."[83]

Der Zionismus, wiewohl er den Antisemitismus nicht besiegen konnte, hat mit seiner Sprachpolitik zur Neufestigung der jüdischen Identität beigetragen. Dies sagte einmal unüberbietbar der israelische Schriftsteller Abraham B. Jehoschua:

„Alle pseudo-Sartreschen Theorien, die als Bedingung für das jüdische Selbst-Verständnis die Existenz des Heiden (in den besten Fällen) oder des Antisemiten (schlechtestenfalls) fordern, welcher den Juden seinerseits dazu zwingt, sich als Jude zu verstehen, sind lächerlich. Ich brauche die heidnische Wahrnehmung oder die Feindschaft des Antisemiten nicht, um meine jüdische Identität zu finden. Gäbe es keinen einzigen Antisemiten in der Welt, würde ich mich immer noch als Jude verstehen wollen. Wie demütigend, jüdische Identität und Zugehörigkeit zur jüdischen Gemeinschaft als eine Art Falle ohne Ausweg darzustellen."[84]

---

[83] David Ben Gurion, *Briefe an meine Frau*, hrsg., übersetzt und mit einer Einleitung versehen von Rolf W. Schloss, München 1969, S. 147f.

[84] Abraham B. Jehoschua, *Exil der Juden. Eine neurotische Lösung? Essays*, Übersetzung aus dem Amerikanischen Karin Lorenz-Lindemann und Kuno Lorenz in Zusammenarbeit mit Ulrike Bastert, St. Ingbert 1986, S. 126.

Im Schatten der Menora.
Juden in der modernen polnischen Literatur

I. Glanz und Schatten

Eigentlich müßte der Titel dieses Kapitels „Im Glanz der Menora" lauten, denn die Menora ist der siebenarmige Leuchter, der im Tempel zu Jerusalem gestanden hatte, bis ihn die Römer bei der Tempelzerstörung im Jahre 70 unserer Zeitrechnung fortschleppten – abgebildet findet man ihn noch auf dem römischen Titusbogen. Die Menora gilt seither als Symbol des Judentums schlechthin. Warum also „im Schatten"? Weil die schattigen Seiten der jüdischen Geschichte weitaus zahlreicher waren als die hellen. Das gilt auch für die jüdische Geschichte in Polen, die sich entsprechend in der Literatur widerspiegelt.[1] Polen, Juden und Deutsche sind in einem zum Teil fruchtbaren, zum Teil unheilvollen ‚Dreiecksverhältnis' miteinander verbunden. Die hier ausgewählten Autoren haben einen sie verbindenden gemeinsamen Nenner. Sie alle stehen mitten in der polnisch-jüdisch-deutschen Dreieckskonstellation, die eine Schlüsselrolle in der gemeinsamen Geschichte dieser drei Nationen spielte[2]. Ein solches schwieriges Verhältnis, in dem es reichlich Platz für allerlei Mythen und Vorurteile gibt, bedarf vieler Anstrengungen, um fortbestehen zu können – in unserem Falle zerbrach es auf eine äußerst tragische Weise. Richtigerweise setzte sich daher der Erforscher der polnischen ‚Intelligentsia', Jerzy Jedlicki, in der Zeitschrift *Transit* mit der „unerträglichen Last der Geschichte" auseinander. Er meint:

> „Eines der Hauptinteressen der Revolution in Polen, aber auch in den übrigen Ländern Osteuropas, gilt der Vergangenheit. Man sucht nach nicht gekennzeichneten Gräbern der Opfer des Ancien Régime; die sterblichen Überreste werden ausgegraben, identifiziert und auf geweihtem Boden erneut bestattet."[3]

---

1 Vgl. meinen gleichnamigen Aufsatz in: *Die wirtschaftlichen und kulturellen Beziehungen zwischen den jüdischen Gemeinden in Polen und Deutschland vom 16. bis zum 20. Jahrhundert,* hrsg. v. Karl Erich Grözinger, Wiesbaden 1992, S. 109-133.

2 Vgl. meinen Aufsatz „Ein Dreiecksverhältnis in Geschichte und Gegenwart. Polen, Deutsche, Juden", in: *Deutsch-polnische Ansichten zur Literatur und Kultur. Jahrbuch des Deutschen Polen-Instituts,* Darmstadt 1990, S. 84-108.

3 *Transit* 2/1991, S. 16.

Dasselbe gilt auch für die Geschichte der Juden in Polen, die dort seit einigen Jahren ein merkwürdig reges Interesse findet. Eingeleitet wurde dieses Interesse paradoxerweise durch Kreise der katholischen Intelligenz, und das katholische Wochenblatt *Tygodnik Powszechny* (Allgemeines Wochenblatt) hatte vor dem Zusammenbruch des kommunistischen Regimes in seinen Ausgaben viele von der Zensur geschwärzte Zeilen aufzuweisen, wenn es versuchte, dieses Thema anzusprechen, ja sogar die Frage der Schuld oder Mitschuld der Polen am Judenmord aufzuwerfen.[4] Ich sage paradoxerweise, denn die katholische Kirche hatte in der Vergangenheit gerade in die andere Richtung gewirkt – über Jahrhunderte war sie der Hauptgegner der Juden in Polen.[5]

Im Jahre 1981 erschien in dem katholischen Krakauer Verlag „Znak“ (Das Zeichen) in der Tat ein Buch unter dem Titel *Im Glanz der Menora* (W blasku menory) von Michał Strzemski, gewidmet der „plötzlich erloschenen Welt der polnischen Juden“. Abgesehen davon, daß die Welt der polnischen Juden nicht „erloschen“, sondern planmäßig *ausgelöscht* worden ist, was keineswegs plötzlich vonstatten ging, ist das Buch eine sentimental-humorvolle, leicht nostalgische Sammlung von Anekdoten, Kuriositäten und authentischen Erinnerungen an das Zusammenleben von Polen und Juden vor dem Zweiten Weltkrieg. Es ist sehr subjektiv gefärbt, aber in der Tendenz positiv. Ein solches Buch konnte damals nur während des kurzen Tauwetters des „Solidarność“-Zwischenspiels erscheinen. Das Kriegsrecht setzte der „philosemitischen“ Bewegung auf dem Buchmarkt jedoch schnell ein vorläufiges Ende. Doch Strzemskis Buch *Im Glanz der Menora* strotzt vor – wohlmeinenden – Verallgemeinerungen. Sie werfen ein

---

4 In der gleichen Nummer der Zeitschrift *Transit* thematisiert dies Jan Błoński. Er hatte mit seinem Artikel „Biedni Polacy patrzą na getto“ (Die armen Polen schauen aufs Ghetto) in *Tygodnik Powszechny* vom 11. Januar 1987 eine lange und heftige öffentliche Debatte in Polen zum Thema des Verhältnisses der Polen zu den Juden und ihrer Mitverantwortung für das jüdische Schicksal unter der deutschen Besatzung initiiert. Dieser Titel ist eine Anspielung auf das berühmte Gedicht des polnischen Nobelpreisträger für Literatur, Czesław Miłosz, „Armer Christ sieht das Ghetto“. Eine Dokumentation dieser Debatte ist (auf englisch) 1990 in London erschienen: Anthony Polonsky, hrsg., *‚My brother's Keeper?' Recent Polish Debates on the Holocaust*. Die neueste, eine noch viel heftigere Debatte zu diesem Thema entstand nach der Veröffentlichung des Buches von Tomasz Gross, *Nachbarn*, im Jahre 2000 über das Massaker an Juden im polnischen Städtchen Jedwabne. Die „Jedwabne-Debatte“ wie sie in polnischen Zeitungen und Zeitschriften geführt wurde, wurde im *Deutsch-polnischen Informationsbulletin Transodra* Nr. 23, Dezember 2001, hrsg. v. Ruth Henning dokumentiert.

5 Vgl. z. B. Viktoria Pollmann, *Untermieter im christlichen Haus. Die Kirche und die ‚jüdische Frage' in Polen anhand der Bistumspresse der Metropolie Krakau 1926-1939*, Wiesbaden 2001.

Licht auf die Haltung gewisser Kreise in der polnischen Intelligenz ihren jüdischen – und deutschen – Nachbarn gegenüber. Das klingt etwa so:

> „Man sagt, daß die Deutschen ein Volk von Philosophen sind. Das hat natürlich seine Berechtigung, da aus diesem Volk in der Tat viele große Philosophen hervorgegangen sind. Aber der Durchschnitts-Deutsche philosophiert wenig. Das Philosophieren war in Deutschland niemals eine allgemeine Erscheinung. Allgemeines Philosophieren charakterisiert hingegen die jüdische Nation.“[6]

Strzemski, dessen Interesse am Judentum und an Juden etwa dem von Stanisław Vincenz, einem Vorkriegschronisten jüdischen Lebens in der Ukraine, ähnelt, erinnert zu Recht daran, daß die „polnischen Juden“ ein integraler Teil der Geschichte Polens waren. Die gemeinsame jüdisch-polnische Geschichte ist eintausend Jahre alt. Nach ersten Ansiedlungen von Juden im 10. Jh. waren vor allem die Jahre nach dem ersten Kreuzzug 1096 Zeugen größerer Einwanderungswellen. Um den Verfolgungen auf deutschem Boden zu entgehen, flohen die Juden nach Osten. Zu den ältesten organisierten jüdischen Gemeinden in Polen gehört Krakau, das bis heute seine „Judenstadt“, den jetzigen Stadtteil Kazimierz, hat. Die Juden Polens waren also, sofern sie nicht über Rußland kamen, deutsche Juden. Sie sprachen auch die Sprache der deutschen Juden, das Jiddische, dessen Grundbestand das Mittelhochdeutsche bildet, und das bis heute eine reiche Literatur hervorgebracht hat, deren wohl bekanntester Vertreter der aus Polen stammende Nobelpreisträger Isaac Bashevis Singer ist.

Die jüdischen Wanderbewegungen gingen allerdings nicht nur in Richtung Osten. Das Hinüber und Herüber dauerte die ganzen Jahrhunderte an, da die Verfolgungen auf beiden Seiten immer wieder aufflammten. Die letzten Westwanderer waren die osteuropäischen DPs, die „displaced persons“, die aus Osteuropa stammten und 1945 als Überlebende der Schoah hier in Deutschland ein neues Leben begannen. Die polnischen Juden, mit ihren deutschen Wurzeln und Bindungen, wirkten während der langen gemeinsamen Geschichte oft als Mittler und Vermittler zwischen Deutschland und Polen, sei es in der Kultur oder im Handel. Es hat sich daraus ein enges „Dreiecksverhältnis“ ergeben, das zunehmend auch in der Geschichtsforschung seine Berücksichtigung findet. Untersucht man die Geschichte der deutsch-polnischen, deutsch-jüdischen und jüdisch-polnischen Beziehungen, macht sich das deutsch-polnisch-jüdische „Dreiecksverhältnis“ mit großer Regelmäßigkeit bemerkbar. Gemäß der Natur eines „Dreiecksverhältnisses“ gab es natürlich genügend Spannungen, Kämpfe und

Kriege, dennoch aber ebenso gegenseitige Bereicherung und Einflußnahme – insbesondere in der Phase nach der Aufklärung.

Das Dreiecksverhältnis wird auch innerhalb der modernen polnischen Literatur, besonders der letzten Jahre, thematisiert, aber auch schon zuvor in der Zeit zwischen den beiden Weltkriegen. Es ist ein faszinierendes Phänomen, daß eine nationale Minderheit nicht trennend, sondern kulturbindend und -verbindend wirken konnte. Welch unermeßlichen Verlust die betroffenen Kulturen durch die Vernichtung des jüdischen Potentials in Europa erlitten haben, kommt inzwischen vielerorts zu Bewußtsein. Zahlreiche der Neuerscheinungen in Polen tragen dem Rechnung, doch manche wirken, wenn auch gutgemeint, häufig leider museal[6], weil es sich dabei um eine zerstörte Kultur und eine nicht mehr existente Bevölkerung handelt. Daß es in Polen, einem Land nunmehr praktisch ohne Juden, seit kurzem wieder judaistische Lehrstühle und ein wachsendes allgemeines Interesse am Judentum gibt, gehört zu den Paradoxa der Dreiecksgeschichte.

Vor dem 2. Weltkrieg lebten in den Grenzen Polens etwa 3,5 Millionen Juden, d. h. 10% der Gesamtbevölkerung des Landes. Den Massenmord der Nationalsozialisten überlebten nur etwa 10% von ihnen. Die Reste der Überlebenden haben aufgrund der antisemitischen Regimepolitik in drei Wellen das Land verlassen. In Polen kommt nämlich zu der Dezimierung der Juden durch die deutschen Besatzer der Antisemitismus der Nachkriegszeit hinzu, angefangen von Pogromen an den aus den Lagern zurückkehrenden Juden, wie der 1946 in Kielce, der zu einer ersten Massenauswanderung aus Polen führte; ein Übriges tat die „antizionistische" Politik der Stalinzeit, der poststalinistischen Periode nach dem Suez-Krieg von 1956 sowie die letzte Vertreibung der Juden aus Polen im Jahre 1968 nach dem Sechs-Tage-Krieg, denn sie wurden dort allzu oft, gelinde gesagt, ausgegrenzt. Jetzt ist aus der 1000-jährigen polnisch-jüdischen Geschichte eine „Geschichte der Abwesenheit" geworden, wie es die Autoren Małgorzata Niezabitowska und Tomasz Tomaszewski in ihrem Buch *Die letzten Juden in Polen*[7] ausdrückten. Daß der Antisemitismus in Polen trotzdem auch heute noch so allgegenwärtig ist, ist ein Phänomen, das die Psychologen beschäftigt und ist ein Thema für sich.

Doch wir wollen uns nun der Literatur zuwenden, die dem „Dreiecksverhältnis" als Podium dient. Unmittelbar nach dem Zweiten

---

[6] Z. B. neben dem Buch von Niezabitowska/Tomaszewski gab es Publikationen wie *Pamiątki i Zabytki Kultury Żydowskiej w Polsce* (Erinnerungsstücke und Denkmäler der jüdischen Kultur in Polen), bearb. von Przemysław Burchard, Warschau 1990, u.v.a.

[7] *Remnants*, New York 1986; deutsch, Schaffhausen 1987.

Weltkrieg hatte es schon einmal eine Literatur gegeben – verfaßt von einigen überlebenden jüdischen Schriftstellern und von Polen –, die sich mit der jüdischen Thematik befaßte. Diese Literatur kreiste aber aus verständlichen Gründen fast ausschließlich um die Vernichtung der polnischen Juden durch die deutschen Besatzer[8], was den politischen Machthabern durchaus genehm war. So wurde der gemeinsame deutsche Feind für eine kurze Zeit zu einem erlaubten Bindeglied zwischen Juden und Polen, aber der Stalinismus, der in Polen an die Stelle des besiegten Nationalsozialismus trat, war einer projüdischen Haltung bekanntlich auf Dauer nicht sonderlich zugetan. Die stalinistischen Säuberungen, denen viele Juden des Ostblocks zum Opfer fielen, schlugen sich in Polen auch in der Literatur nieder, was das poststalinistische „Tauwetter" nach 1955/56 kaum zu ändern vermochte.

Es gab vor dem Krieg naturgemäß mehr jüdische Schriftsteller als in der Nachkriegszeit. Zwar gab und gibt es auch danach noch solche, die sich „jüdisch" fühlten und in Polen blieben (z. B. Julian Stryjkowski), die meisten aber sind, wenn sie überlebt haben, bis auf einige wenige Ausnahmen, emigriert. Die folgende Darstellung wird daher eine Zäsur aufweisen. Der erste Teil behandelt Juden als Schriftsteller, als Autoren der polnischen Literatur vor dem Krieg, und im zweiten Teil, der der Nachkriegszeit bis zur Gegenwart gewidmet ist, stelle ich sie als Sujet, als ein Thema, innerhalb der polnischen Literatur vor. Die Problematik dieser Art des Zugangs ist mir sehr wohl bewußt, aber sie liegt in der Natur der Sache.

II. Zwischen den Kriegen

Die moderne polnische Literatur aus jüdischer Feder entstand in der Zeit zwischen den beiden Weltkriegen. Auch diese Zeit war nicht judenfreundlich. Als Polen, seit seiner dritten Teilung im Jahre 1795 durch Preußen, Österreich und Rußland als Staat nicht mehr existent, 1918 seine Unabhängigkeit wieder erlangt hatte, brach auch in der Literatur eine neue Ära an. Die Kaiser, Könige und der Zar verschwanden von ihren Thronen, die russische Revolution versprach nun endlich die seit der französischen Revolution anstehende Verwirklichung der Ideale von Freiheit, Gleichheit und Brüderlichkeit, und der Erste

---

[8] Siehe meinen Abriß der polnischen Literatur dieses Jahrhunderts „Die Literatur Polens", in: *Kritisches Lexikon zur fremdsprachlichen Gegenwartsliteratur (KLfG)*, hrsg. v. Heinz Ludwig Arnold, 26. Nlg., Göttingen 1991, S. 1-31.

Weltkrieg sollte der letzte sein! Die Hoffnung auf ewigen Frieden zwischen den Völkern und eine allgemeine Gleichberechtigung auch für die Juden schien in greifbare Nähe gerückt. Durch den Versailler Vertrag von 1919 wurden die Polen in ihrem wieder auferstandenen Staat zum Schutz der Minderheiten verpflichtet. Die polnischen Juden glaubten, nun arkadischen Zeiten entgegenzugehen. Die Intellektuellen Polens erlebten eine Aufbruchszeit ohne Präzedenz. Es waren viele Juden unter ihnen, die, assimiliert und polonisiert, bald zu Wortführern des neuen Zeitgeistes wurden. Eine aus diesem neuen Zeitgeist geborene literarische Bewegung war „Skamander". Zu dieser Gruppe[9] gehörte eine ganze Reihe von Dichtern „jüdischer Abstammung", an der Spitze der früh berühmt gewordene Julian Tuwim (1894-1953) sowie Antoni Słonimski (1895-1976), Jan Lechoń (eigentlich Leszek Serafimowicz, 1899-1956) und am Rande Józef Wittlin (1896-1976) und Zuzanna Ginczanka (Sara Ginsburg, 1917 – wahrscheinlich 1942). Sie huldigten dem Biologismus und Vitalismus, dem Alltag und der Großstadt. Ihre Vorbilder waren vor allem Henri Bergson und Arthur Rimbaud, aber auch Heinrich Heine. Sie führten in den poetischen Kanon die unlyrische Sprache des Mannes von der Straße ein, in der damaligen polnischen Literatur eine Ungeheuerlichkeit, aber auch die Satire, Ironie und den absurden Humor. Dabei knüpften sie bewußt an die große polnische romantische Tradition eines Adam Mickiewicz an. Es bahnte sich etwas wie eine polnisch-jüdische ‚Symbiose' an, der deutsch-jüdischen in der Zeit der Weimarer Republik vergleichbar.

Von den über 3 Millionen Juden im Vorkriegspolen, von denen die Mehrheit noch in „Schteteln", in rein jüdischen, zum Teil chassidischen Kreisen lebte und Jiddisch sprach, ergriffen immer mehr, besonders Jüngere, die Chance, sich „zu emanzipieren", was zu einer fortschreitenden Assimilation führte. Diese sich anbahnende intellektuelle Symbiose wurde jedoch bald durch den in Polen herrschenden Antisemitismus empfindlich gestört und durch den deutschen Überfall auf Polen jäh beendet. Die Jahre 1918-1939, besonders was die polnisch-jüdischen Beziehungen anbelangt, waren politisch gesehen jedoch weitgehend ein Fiasko. Es gab mehrere blutige Pogrome (von denen der vom ukrainischen nationalistischen Hauptmann Simon Petljura angezettelte Lemberger Pogrom vom 22. November 1918, mit 72 Todesopfern und 300 Verletzten besonders grausam war). Während des polnisch-russischen Krieges 1919-1920 veranstalteten die sogenannten „Hallerczyki"[10] Pogrome, die zu einer Auswanderung von 100.000 Ju-

---

[9] Sie wurde benannt nach dem Flüßchen bei Troja, in der *Ilias* Sitz des Flußgottes, der gegen die Griechen auf der Seite der Trojaner kämpfte.

[10] Soldaten unter dem polnischen General Józef Haller; vgl. Paweł Korzec, *Juifs en*

den nach Amerika führten. Auch das Zentrum des polnischen Humanismus, die Jagiellonen-Universität in Krakau, war nach der Einführung des berüchtigten numerus clausus für Juden im Jahre 1923 Schauplatz antijüdischer Aktionen. Während der Numerus-clausus-Debatte in Polen hatte der sozialistische Senator Bolesław Limanowski auf einer Protestkundgebung gegen diese Maßnahme daran erinnert, daß eine solche Beschränkung an deutschen Universitäten unter Bismarck explizit gegen polnische Studenten gerichtet war. Gegen derlei Argumente war man allerdings im unabhängigen Polen taub. Davor, 1922, erlebte Polen die Ermordung des kurz zuvor mit den Stimmen der nationalen Minderheiten gewählten Präsidenten Gabriel Narutowicz, der für einen Juden gehalten wurde – die Parallele zum Mord an Walther Rathenau drängt sich auf.

Bis 1939 war die Lage der Juden in Polen der in Deutschland nicht unähnlich. Die Verflechtung der jüdisch-polnisch-deutschen Beziehungen kam wieder ans Tageslicht, als in Polen im Jahre 1924 die „Affäre Steiger“[11], eine Variante der Dreyfus-Affäre, die Gemüter erregte. Während der jüdische Student Steiger als mutmaßlicher Attentäter wegen versuchten Mordes an dem polnischen Präsidenten Wojciechowski unschuldig vor Gericht saß, ersuchte der wahre Täter, ein ukrainischer Oppositioneller, in Deutschland um politisches Asyl. Die deutschen Behörden schwiegen jedoch und ließen dem Prozeß gegen Steiger seinen Lauf. Erst als die Sache publik wurde, entkam Steiger der Todesstrafe. Die unselige Allianz zwischen Polen und Deutschland wurde noch deutlicher, nachdem Hitler 1933 in Deutschland die Macht ergriffen hatte, und die polnischen Machthaber wie auch intellektuelle Kreise zunehmend der Faszination des Faschismus erlagen. Als die Intellektuellen-Liga im Jahre 1934 Goebbels nach Polen eingeladen hatte, gab es nur wenige so spektakuläre Proteste wie den des Professors Tadeusz Kotarbiński, der daraufhin aus der Liga austrat. Mit der wachsenden Liebe der Polen zum nationalsozialistischen Deutschland wurde auch die Haltung den Juden gegenüber immer rücksichtsloser. Nach dem Tod von Marschall Piłsudski im Jahre 1935 konnte z. B. in Polen ein Jude verhaftet werden, wenn er Hitler beleidigte, denn dieser war „Regierungschef eines befreundeten Staates“. Die Geschichte kann manchmal sehr ironisch sein.

Dies war die Atmosphäre, in welcher die „Skamandriten“ ihre künstlerischen Aktivitäten entfalteten. Ihr Wortführer war der Jude

Pologne, Paris 1980.

11 S. Korzec, ebd., S. 150-152; vgl. auch Dietrich Beyrau, „Antisemitismus und Judentum in Polen, 1918-1939“, in: *Geschichte und Gesellschaft* Jg. 8/1982, Heft 2, S. 205-232.

Julian Tuwim (1894-1953)[12], aus der drei-Völker-Stadt Lodz gebürtig, in der die drei Kulturen – die polnische, deutsche und jüdische – über lange Jahre nebeneinander, oft miteinander lebten, manchmal aber auch gegeneinander und dann aufeinander prallten. Ihre Wechselwirkung war außerordentlich fruchtbar, wie Tuwims Beispiel zeigt. Tuwim, der aus einer assimilierten jüdischen Familie stammte, gilt als der „Erneuerer der polnischen Dichtung dieses Jahrhunderts". Sein literarisches Werk umfaßt acht Gedichtbände, das monumentale Verspoem *Die polnischen Blumen*, Satiren-, Kabarett- und Liedertexte; er gab Anthologien heraus, verfaßte Kinderbücher, stellte ein Säuferlexikon und ein Wörterbuch der Dämonologie zusammen und übersetzte – ein Sprachgenie – Lyrik und Dramen kongenial aus dem Lateinischen, Französischen, Russischen, Amerikanischen und Deutschen.

Mit der deutschen Kultur verband ihn vieles – sie war ihm vertraut, und er vermittelte sie an seine polnischen Landsleute. Seine Hinweise auf Rilke, Schopenhauer, Nietzsche, Geßner oder Gryphius zeugen von einer tiefen Kenntnis dieser Autoren. Er übersetzte Goethe, Schillers *Kabale und Liebe* (noch 1934), zwei Stücke von Nestroy, Gedichte von Ringelnatz, Hebbel, Gottfried Keller und immer wieder Heine, der für ihn zum Sinnbild eines engagierten, kritischen und dennoch poesievollen Dichters wurde. Tuwims Gedichte *Lorelei* und *Hajhitla* (1938) sind der deutlichste Ausdruck seiner Ablehnung dessen, was seit Hitler mit dieser, ihm so teuren, deutschen Kultur geschah. In *Hajhitla* schrieb er eine ganze Strophe auf deutsch: „Er war sonnig und herzig und niedlich/Und der Führer kam – süß wie Baumkuchen/ Und er lachte so lieb, so gemütlich,/Und wir haben ‚hajhitla!' gerufen."

In die anderen, polnischen Strophen dieses Gedichts hat er deutsche Versteile eingebaut, die sich dem Gedichtrhythmus bruchlos anpassen: „Wird er kommen, der Hans?", dachte bei sich das Gretchen; „War das schön"; nachher wurde getanzt „Mit den Sturm-Boden-Bums-Bomben-Jungen"; und es tanzten die fröhlichen Germanen/„Und sie haben ‚hajhitla' gesungen". Ebenfalls in den dreißiger Jahren des letzten Jahrhunderts entstand Tuwims Vierzeiler *Lorelei*, in dem einmal das deutsche Wort „Geheime" und am Ende „Heil Heine" vorkommt: „Lorelei steigt beim Mondschein vom Rheine,/ Schaut sich um: wo steckt nun der *Geheime/* Und die summt ... und bei jedem

---

[12] S. Elvira Grözinger, „Julian Tuwim – ein polnischer Dichter", in: *Exil* 1/1983, S. 31-41; dies., *Julian Tuwim,* in: *KLfG* 20. Nlg., S. 1-D/ l.; dies., „‚Judenkind' und ‚Schreckliche Bürger'. Ein Panopticum der Zwischenkriegsjahre in Julian Tuwims Lyrik", in: *Juden und Judentum in Literatur und Film des slavischen Sprachraums. Die geniale Epoche,* hrsg. v. Peter Kosta et al., Wiesbaden 1999, S. 155-172.

Refraine/ Fügt sie leise hinzu: *Heil Heine*".

Die nationalsozialistische Kulturpolitik in Deutschland mit ihrer Entfernung der Juden aus dem Literatur-, Kunst- und Musikleben ist Tuwim nicht verborgen geblieben. Aus Abscheu gegen die zunehmenden faschistischen Tendenzen auch in der polnischen Gesellschaft wählte er damals das linke Lager. Immer wieder prangerte er die rechten Tendenzen in seinen Gedichten an, wie 1930 in *Bürgern*:

> „Schreckliche Burgen, Burgen auf Bergen/beherbergen schrecklich schreckliche Bürger./An Wänden wächst der Pilz wie an Särgen/Finsterer Winter, frostiger Würger. [...]/Die Zeitung nehmen sie in die Finger/wie Brei und kaun und kaun diese Massen,/bis ihre Schädel, vom Zeitungsdünger/gebläht, ganz dick sind und nichts mehr fassen."[13]

Das Aufkommen des deutschen mit Militarismus gepaarten Faschismus hatte er bereits 1931 vorhergesehen, als er das Gedicht *Pif-Paf* angeblich „frei aus dem Deutschen" übertragen zu haben vorgibt. Darin ist die Rede von einem Schießautomaten, „der Sensation des universalen Lunaparks", der das Gespenst der blutigsten Schlacht des 1. Weltkrieges vor Verdun „wieder ins Leben zurückruft". Es „geht ja im Kriege fröhlich zu", und das Gespenst würde gerne wieder „ein solches Spiel" spielen. „Wer wagt es? Millionen von Toten – für nur drei Groschen!" ruft darin der Marktschreier. Kassandras sind aber seit jeher unbeliebt und gelten als gefährlich. Deshalb mußte Tuwim 1939 vor den Deutschen aus Polen fliehen. Während er im New Yorker Exil saß, fiel seine Mutter, die in einer Heilanstalt in Otwock lebte, den Deutschen in die Hände – sie haben sie erschossen. Diesen Schmerz hat er nie überwunden. Im Exil fühlte er sich als vertriebener Pole, besann sich aber wieder auf sein Judentum, das während der Jahre in Polen für ihn kaum eine Rolle gespielt hatte. Das war nicht ohne Grund, denn er, der durch und durch polnische Dichter, weigerte sich, aus der rechten Ecke zu etwas abgestempelt zu werden, was ihm „fremd" war. Schon 1918, als sein erstes Gedicht *Frühling* mit gewagten Zeilen erschien, wurde er von der nationalpolnischen Kritik als „jüdischer Pornograph" apostrophiert. Dort hieß es nämlich unter anderem[14]: „Wie viel, wie sehr wir haben!/Und alles reif zum Mosten!/Komm, Mädchen, laß uns lieben! Ich will die Vaterschaft kosten!"

Fortan begleiteten viel heftigere antisemitische Attacken seine unbequemen Verse, was ihn zwar verletzte, nicht aber vom Weg abbringen konnte. Schon 1926 hat er einmal seine Sympathie für das zer-

---

[13] Übersetzt von Karl Dedecius.
[14] Übersetzt von Karl Dedecius.

lumpte, verrückte Jüdchen gedichtet, das in den Höfen bettelt – Sinnbild des ewigen Juden auf Wanderschaft, zu denen auch der Poet selbst gehöre. Ob das Gedicht als Bekenntnis zum Judentum aufzufassen ist, bezweifle ich, eher als eine Art Solidaritätserklärung mit dem „Proletariat", auch dem jüdischen, denn für die Armen und Parias hatte Tuwim ein Faible. Erst in New York reifte in ihm, angesichts des Massenmordes an den in Europa verbliebenen Juden die Erkenntnis, daß er sich gleichzeitig als Pole und als Jude fühlen kann. Das Ergebnis war 1944 die schmerzliche Erklärung *Wir, die polnischen Juden*, seiner Mutter gewidmet. Dort schrieb er: „Wir, das makabre Reservat, wir – die letzten Mohikaner, die überlebenden der Schlachtung, welche von irgendeinem neuen Barnum um die Welt gefahren werden können", auf buntgescheckten Plakaten angekündigt:

> „‚Unerhörtes Spektakel! The *biggest Sensation in the world!* Polnische Juden – lebendig und echt!' Wir, das Horrorkabinett, *Schreckenskammer, Chambre de Tortures!* Personen mit schwachen Nerven, bitte den Saal verlassen!"

Die Vision seines *Pif-Paf*-Gedichtes, ist nun wahr geworden. Tuwim konnte 1946 nach Polen zurückkehren und brachte sein patriotisches Epos *Die polnischen Blumen,* eine Liebeserklärung an seine Heimatstadt Lodz, mit, das unter einem Motto wie das von Adam Mickiewicz stehen könnte: „Litauen, meine Heimat, du bist wie die Gesundheit, und nur der weiß es, der dich verlor..." Aber das neue Polen, das ihn nun feierte, war anders, und er starb bald, 1953, ohne wieder Großes geschrieben zu haben.

Ein anderer jüdischer Schriftsteller jedoch, dessen Größe Tuwim schon früh erkannt hatte, erlitt, obwohl in der gleichen Dreieckskonstellation, ein anderes Schicksal. Gemeint ist der „polnische Kafka", Bruno Schulz, inzwischen ein Klassiker der Weltliteratur. Bruno Schulz wurde 1892 in dem galizischen Schtetl Drohobycz in den Vorkarpaten geboren. Als dort Erdölvorkommen entdeckt wurden, entwickelte sich das Städtchen zum „galizischen Pennsylvanien". 1942 wurde er im Ghetto von Drohobycz von einem Gestapo-Mann namens Karl Günther auf offener Straße erschossen. In ihren *Erinnerungen an Galizien* weiß Salcia Landmann erstaunlicherweise über Drohobycz nur zu sagen, daß von dort „der Urgroßvater Hugo von Hofmannsthals, ein Textilfabrikant namens Hofmann, nach Wien auswanderte..." Bruno Schulz, der Zeichenlehrer und Autor phantastischer Erzählungen, übt eine besondere Faszination auf die Nachgeborenen aus.

1986 widmete ihm der israelische Schriftsteller David Grossman einen Teil seines Buches *Stichwort: Liebe.*[15] Dort läßt er den ermordeten Schulz in Fischgestalt wiederauferstehen – eine Gilgulgeschichte[16], der kabbalistischen Seelenwanderungslehre entnommen, ähnlich den Gestalten, die Bruno Schulzens eigene Erzählungen bevölkerten:

> „Ich schreibe jetzt mit sicherer und wohlgesetzter Feder: Bruno Schulz. Genialer Architekt eines exklusiven sprachlichen Daseins, dessen geheimnisvoller Zauber in seiner Üppigkeit, in seinem vor lauter verbaler Fruchtbarkeit fast vergärenden Überfluß liegt. Bruno, der alles auf zehn verschiedene Weisen zu sagen weiß, die alle so präzise sind wie eine Kompaßnadel. Ein Don Juan, der die Sprache mit wilder, fast amoralischer Begierde liebt, der wagemutigste Erforscher der sprachlichen Geographie..."

In seinem Buch spielt Grossman auf das (unter anderen) im Krieg verlorene Manuskript des Romans *Der Messias* von Bruno Schulz an. Auch der 1987 erschienene Roman der jüdisch-amerikanischen Autorin Cynthia Ozick: *Der Messias von Stockholm* geht den Spuren dieses verschollenen Manuskriptes nach. Der Held Lars wähnt sich dort obsessiv als der posthum geborene Sohn des ermordeten Dichters Bruno Schulz. Er lernt bei einer ehemaligen Professorin der Krakauer Universität, die 1968 mit ihrem jüdischen Mann Polen verlassen hatte, Polnisch. Es gibt da selbstverständlich auch eine Verbindung nach Deutschland: Die Vertraute von Lars ist Heidi, eine angebliche Deutsche, die ein kleines Antiquariat in der Stockholmer Altstadt betreibt und an „Heimweh" leidet, während ihr Mann, der sich Dr. Olle Ecklund nennt, eigentlich ein Flüchtling aus Polen ist und Alter Eckstein heißt..."

Bei Bruno Schulz gibt es eigentlich nichts explizit Jüdisches, außer, daß auch er die traditionellen mystischen und kabbalistischen Elemente des In-der-Luft-Schwebens, des „Gilgul" und dergleichen verwendet, und man in seiner Sprachphilosophie jüdische Spuren entdeckt. Kein Wunder, wenn man in Galizien lebt, der Wiege des Chassidismus. In seinen Zeichnungen hatte Schulz allerdings auch die Juden von Drohobycz auf den Gassen und vor der Synagoge verewigt. Seine El-tern gehörten zwar der Drohobyczer jüdischen Gemeinde an und besuchten die Synagoge an den Hohen Feiertagen, ansonsten aber waren sie nicht mehr im orthodoxen Glauben verwurzelt und hatten

---

[15] Deutsch von Judith Brüll, München 1991.

[16] Kabbalistische Lehre von der Seelenwanderung. Vgl. dazu Karl E. Grözinger, *Kafka und die Kabbala. Das Jüdische im Werk und Denken von Franz Kafka*, Berlin, Wien 2003.

sich von der jüdischen Tradition gelöst. Martin Pollack zitiert in seinem Buch über Galizien eine Notiz in der „Chronik“ des *Tygodnik Samborsko-Drohobycki* (der Samborer-Drohobyczer Wochenzeitung)[17], in der sich ein *polnischer* Autor am 19. Jänner 1902 über den „Germanismus in Drohobycz“ beklagt – man darf nicht vergessen, daß zu dieser Zeit Galizien österreichisch war – :

> „In jeder größeren Straße von Drohobycz fallen dem Passanten deutsche Aufschriften (Schilder) ins Auge, die über den Eingangstüren der Geschäfte, Schenken usw. angebracht sind. Einige Beispiele: *Weinausschank O.M. Sternbach/Schnitt- und Tuch-Waaren Handlung des Is. B. Kreppel/H. Pfefferkorn-Specerei-Krämerei/Wein-Schank N. Segal/Partie-Mode-Waren Verschleiss des Abraham Herzig/ Henriette Schulze [!]...*

Das zielte natürlich auf die Juden, die anstatt dem Polonismus zu huldigen, angeblich unverschämt germanisch waren. Der alte Vorwurf der Polenfeindlichkeit der Juden klingt hier an. Dabei irrte der Autor allerdings gewaltig, denn die angeblich so germanische Henriette Schulz der Zeitungsmeldung war niemand anders als die polonisierte Mutter von Bruno Schulz (Hendel-Henriette).[18] Im Hause Schulz sprach man weder Jiddisch noch Deutsch, sondern Polnisch. Der Name Henriette Schulz hing in der Tat über dem 1910 in Konkurs gegangenen Geschäft des Seiden- und Schnittwarenhändlers Jakub Schulz, der sich bereits als „Pole mosaischen Glaubens“ bezeichnete.

Bruno Schulz hatte seine Heimatstadt einige Male (zum Studium in Wien, Parisaufenthalt) verlassen, doch stets nur für eine kurze Zeit. Das Schtetl war seine Welt – er hat es, in mythischer Verkleidung, zum Mittelpunkt des Universums gemacht, oder er hat dem Weltgemälde gewisse Drohobyczer Züge verliehen. Seine Stimme drang dennoch unüberhörbar nach draußen. Sein bereits 1934 erschienener Band mit Erzählungen *Die Zimtläden*, Fragmente seiner phantastischen Autobiographie, erregte allgemeine Aufmerksamkeit in literarischen Kreisen. Die nächste Sammlung *Das Sanatorium zur Todesanzeige* (oder *zur Sanduhr*) von 1937 verfestigte seinen Ruhm und trug ihm Preise ein. Andere Schriften wurden im Krieg vernichtet, so daß sein Weltrang auf nur wenigen Büchern beruht.

Bis zur polnisch-nationalsozialistischen Verbrüderung war das Werk von Schulz durchaus von einem Philogermanismus geprägt. Er

---

[17] *Nach Galizien. Von Chassidim, Polen und Ruthenen,* Wien-München 1984, S. 43.

[18] Bruno Schulz, *Die Wirklichkeit ist Schatten des Wortes. Aufsätze und Briefe*, hrsg. v. Jerzy Ficowski, aus dem Polnischen von Mikołaj Deutsch und Joseph Hahn, Frankfurt a. M. 1994, S. 351.

beherrschte das Deutsche und schrieb 1938 in dieser Sprache die Thomas Mann gewidmete, leider verschollene, Novelle *Die Heimkehr.* Die in den dreißiger Jahren erneut auftretenden Pogrome in Lemberg bewirkten jedoch bei ihm eine heftige Reaktion auf die zunehmende Bestialisierung der Welt und den sich verstärkenden Antisemitismus.[19] Schulz schien zu ahnen, daß ihm eine Reise ohne Wiederkehr bevorstand, als er den Helden seiner Erzählung *Sanatorium zur Todesanzeige* den Zug besteigen läßt, um vom Sanatorium wegzufahren: „Ein Glück, daß der Vater im Grund genommen nicht mehr lebt, daß ihn das eigentlich nicht mehr erreicht [...]. Leb wohl, Vater, leb wohl, du Stadt, die ich nie mehr sehen werde..."[20]

Eines seiner Themen ist die Kampfansage der Kunst an den Kommerz; der Mensch wird zum Golem, zum „Mannequin", einer Schaufensterpuppe, die Schöpfung, die Kunst, wird zum Tand. Ihn verbindet darum, nach den Worten des polnisch-jüdischen Literaturkritikers Artur Sandauer[21], einiges mit den gleichaltrigen Poeten des „Skamander". Andererseits schöpft er, was das Sexuelle, Erotische, auch z. T. Perverse, bis hin zum Masochismus des Mannes angesichts des Sadismus des Weibes anbelangt, aus der Jugendstil-Bewegung „Junges Polen". Seine Selbstironie jedoch zeigt ihn als einen höchst unabhängigen Autor, der beide Bewegungen überholt hatte. Eine neue Zeitdimension, der „dreizehnte Monat", nennt Sandauer das „Post-Einsteinsche" an Schulz. Schulz sah im Untergang der Donau-Monarchie nicht nur den Untergang der alten Welt des Schtetls, sondern der Zivilisation überhaupt. Es war eine Kapitulation vor dem allgemeinen „Tand und Talmi", zu dem für ihn auch der Nationalsozialismus gehörte.

Schulz hatte Kafkas *Der Prozeß* ins Polnische übersetzt. Für Margarita Pazi[22] sind „Kafka und Schulz in gewissem Sinne beide das Produkt des Untergangs einer Lebensform, und die Weltuntergangsatmosphäre der sterbenden Monarchie prägte sie: die literarische Dimension, die Schulz dem Niedergang des Ladens, dem Verfall der Daseinssicherheit des Vaters beimißt, kann nicht nur aus dem individuellen Erlebnis verstanden werden." Neben Tuwim hatten auch die

---

[19] Henri Lewi meint in „Un Juif en Pologne. Approche de Bruno Schulz", in: *Pardès* 8, Paris 1988, S. 29-35, daß Schulz den Zustand der Juden Polens auf die ihm eigene metaphorische Art beschrieb, und rechnet dazu die Gestalt des Kettenhundes im *Sanatorium zur Todesanzeige.*

[20] Bruno Schulz, *Die Mannequins und andere Erzählungen,* hrsg. v. Jerzy Jastrzębski, Frankfurt a. M. 1987, S. 266f.

[21] Artur Sandauer, *Zebrane Pisma Krytyczne* l, Warschau 1981, S. 570ff.

[22] Zit. n. dem mir dankenswerterweise von der Autorin überlassenen MS ihres Vortrags bei der 2. Galizien-Tagung in Innsbruck 1986: *Bruno Schulz – Ähnlichkeit mit Kafka?*

polnischen Meister der Groteske, Stanisław Ignacy Witkiewicz und Witold Gombrowicz, die Bedeutung von Schulz erkannt. Dennoch schrieb der polnische Exilschriftsteller Gombrowicz 1960 in seinem Tagebuch über Schulz, als dessen Werk auf französisch erschien:

> „Er wollte die Vernichtung, ich wollte die Verwirklichung, er ist zum Sklaven, ich zum Herrn geboren. Er wollte Erniedrigung, ich wollte ‚über' und ‚höher' sein. Er kam aus der jüdischen Rasse, ich aus einer polnischen aristokratischen Familie."[23]

Dabei war auch dem Emigranten Gombrowicz der Weg zurück nach Polen zunächst von den Nazis, später von den Kommunisten versperrt worden – es war aus mit dem Herrendasein! Bruno Schulz ist hingegen in Polen geblieben, nach dem Einmarsch der Sowjets und nach dem Einmarsch der Deutschen (1941), obwohl ihn befreundete polnische Autoren, wie Zofia Nałkowska, die zu seinen Bewunderern zählte, mit falschen Papieren außer Landes bringen wollten. Sein Ende ist bekannt, seine Grabstätte nicht.

Die Kriegsjahre will ich überspringen. *Inter arma silent musae* – die polnisch-jüdischen Autoren starben, wie man weiß, entweder in den Ghettos und Gaskammern, oder sie emigrierten. Einige von ihnen überlebten in der Sowjetunion, andere in der Illegalität. Unmittelbar nach dem Krieg hatte es eine Literatur aus jüdischer und nichtjüdischer Feder gegeben, die sich mit der jüdischen Thematik befaßte, sie kreiste aber aus verständlichen Gründen fast ausschließlich um die Vernichtung der polnischen Juden durch die deutschen Besatzer. Zu dieser Literatur gehören z. B. Zofia Nałkowskas *Medaliony* (Medaillons), Erzählungen, die auf authentischen Vernehmungsprotokollen der Hauptkommission zur Untersuchung der deutschen Verbrechen in Krakau basieren, ferner Adolf Rudnickis Erzählungen *Żywe i martwe morze* (Das lebende und das tote Meer) sowie später seine Erzählungen unter dem Titel *Kupiec Łódzki* (Lodzer Kaufmann), die ebenfalls auf authentischen Begebenheiten um den Judenrat im Lodzer Getto beruhen.

Zu den in der Sowjetunion Überlebenden gehört Kazimierz Brandys, geb. 1916, wie Tuwim, in Lodz. Er ist ein Paradebeispiel eines polonisierten Intellektuellen „jüdischer Abstammung", der die Nachkriegsliteratur vom ersten Tag an wie kaum ein anderer begleitet und ihre verschiedenen Stadien mitgetragen hat, vom stalinistischen Sozialistischen Realismus angefangen, über die Tauwetterzeit und danach.

---

[23] Zit. n. Sandauer, ebd., S. 633f.

Während des Aufbruchs der „Solidarność“ verfolgte er wie stets die Entwicklung sehr aufmerksam, auf deutsch erschien darüber sein Warschauer *Tagebuch. Die Monate davor 1978-1981.*[24] Dann überraschte ihn die Verhängung des Kriegsrechtes über Polen in Paris, wo er anschließend lebte. Bis dahin hatte man nicht den Eindruck, daß ihn sein Judesein sonderlich interessiert, geschweige denn beeinflußt hätte. Hier aber gibt er, der Pole, zu, sich seiner Wurzeln zu besinnen. Immer häufiger thematisiert er nun das Schicksal der Juden in Polen. Im Januar 1979 schrieb er:

> „Seit Jahren wissen wir [d.h. die Polen, E. G.] nicht, was wir uns leisten können und wer wir wirklich sind. Sind wir ein Land der Unfreiheit oder ein Land der Alkoholiker, eine führende Industriemacht oder eine ausgebeutete Kolonie oder die ewige *polnische Wirtschaft,* sind wir Märtyrer, Antisemiten oder eine nicht an die moderne Zivilisation angepaßte Gesellschaft?“ (S. 61)

Oder:

> „Man hat mit erzählt, wie eine Veranstaltung der fliegenden Universität in der Wohnung der Kurons überfallen wurde [...]. Seit wann kennen wir solche Szenen aus der Realität? Seit ungefähr zehn Jahren. Im Frühjahr 1968 notierte ich mir: ‚Eine vom Polizeiminister gelenkte Revolution der Schmalzowniks/ Daß sich mir dieser Ausdruck aus den Jahren der deutschen Besatzung aufdrängte, ist bezeichnend, kein Zufall [...]. Das geschah, wie gesagt, unter der deutschen Besatzung, doch mir kam sofort das Wort ‚Pogrom’ in den Sinn, und damals hatte ich wohl zum erstenmal verstanden, wie in Rußland Pogrome gemacht worden waren, ja, wie man sie überhaupt macht. Es ist leicht, ein Pogrom zu veranstalten. Die Bevölkerung braucht nicht teilzunehmen, es genügt eine Horde gemieteter Strolche [...]“ (S. 76f.)

In diesem Buch ist sehr viel Wahres über das polnische Wesen und über das Verhältnis zu den Deutschen zu finden:

> „Man will uns eine unwahre Vergangenheit einreden, eine verstümmelte Geschichte, aus der Teile des Gewebes entfernt wurden [...]. Man vertauscht heimlich das Objekt des Hasses [...]. Vor über zehn Jahren erfanden die Historiker und Publizisten von Fernsehen und Presse ein neues Haßobjekt für die Polen: Uns drohe eine jüdische Verschwörung, unser Todfeind sei der Staat Israel [...]. Als die Berechnung nicht aufging, blieb nur noch Deutschland. Oder genauer: der westliche Teil Deutschlands [...]“ (S. 130)

---

[24] Deutsch von Friedrich Griese, Frankfurt a. M. 1984.

Dennoch will Brandys eine einseitige Verurteilung der Polen nicht dulden, denn er hat nicht vergessen, wem er sein Leben zu verdanken hat. Und er lehnt auch die Umverteilung der Schuld der Deutschen auf die Polen ab. Er beklagt sich an anderer Stelle des Tagebuchs über derartige Tendenzen in Deutschland:

> „Im westlichen Fernsehen wird heute die Vernichtung der Juden in vielteiligen Serien beschrieben, und dort zeigt man neben den Deutschen in hakenkreuzverzierten Stahlhelmen, Polen mit ihren viereckigen Militärmützen als Henkersknechte. Es ist schwer, von den aufgehäuften Lügen loszukommen. Juden, die mit dem Leben davongekommen sind, wissen, wer die Juden ermordet hat: die Deutschen. Aber die Geretteten erinnern sich auch der Worte. Ich betrachte mich als einen der Geretteten, und ich verdanke mein Leben Menschen, unter denen Polen und Juden waren." (S. 104).

Neben diesen wenigen jüdischen Stimmen zu den polnisch-jüdischen Beziehungen sollen nun einige nichtjüdische Autoren aus Polen zu diesem Thema zu Wort kommen. Ihr Votum kann man zusammenfassend mit „Geschichten von der Abwesenheit" überschreiben.

III. Geschichten der Abwesenheit – Mythen und Stereotypen

Ich beziehe mich hier hauptsächlich auf Bücher, die während der letzten Jahre aus dem Polnischen ins Deutsche übersetzt und so dem deutschen Leser zugänglich geworden sind. Sie wurden von in Polen lebenden Schriftstellern verfaßt. Dabei müssen leider viele wichtige Publikationen unberückischtigt bleiben, die von emigrierten Autoren verfaßt wurden, so z. B. die von Henryk Grynberg oder Wilhelm Dichters *Koń Pana Boga* (Kraków 1996, dt. September 1998). Diese, wie die von mir hier herangezogenen Bücher sind es, die den gebildeten Kreisen in Deutschland ein Polenbild samt den dort virulenten Fragen vermitteln, wobei es gleichzeitig zur Bildung neuer Mythen und Stereotypen gekommen ist. Mythen an sich sind nichts Schlechtes, ja eigentlich schön, wenn sie aber auf Vorurteilen basieren, werden sie häßlich und gefährlich. Denn Vorurteile entstehen meistens aus gewollter oder ungewollter Unkenntnis des Objekts, und angesichts der Abwesenheit von Juden und einer nur geringen Zahl von Deutschen im heutigen Polen, kann es zu solchen Fehlentwicklungen kommen, vor denen auch die Literatur nicht verschont bleibt.

„Meine Geige ist wohl gerissen, sagte die Jüdin Irma Seidenman Gostomska und wärmte ihre alten Knochen auf einer Bank im Jardin du Luxembourg, meine Geige klingt falsch (...) Aber anscheinend war sie tatsächlich damals gerissen, im Frühjahr 1968. Tatsächlich gerissen und nicht mehr zu leimen."

Dieser Text aus Andrzej Szczypiorskis Roman *Początek* (Der Anfang), der in der Bundesrepublik Deutschland unter dem Titel *Die schöne Frau Seidenman*[25] nicht zuletzt dank der freundlichen Schützenhilfe des Chefliteraturkritikers Marcel Reich-Ranicki mehr oder weniger überraschend zu einem Bestseller wurde, entstand 1986 und wurde in einem Pariser Exilverlag veröffentlicht. Szczypiorski selbst wurde daraufhin zu einer Autorität auf dem Gebiet der polnisch-jüdisch-deutschen Beziehungen. Der Roman geht auf die Vorfälle des Jahres 1968 ein, als mit der eintausendjährigen Geschichte des lebendigen polnischen Judentums endgültig ein Ende gemacht wurde. Geschichten, die heute polnische Juden zum Thema haben, sind eben Geschichten der Abwesenheit. Auch die Heldin des Romans von Szczypiorski, die ehedem „schöne", nunmehr alte, Frau Gostomska-Seidenman, ist inzwischen eine Emigrantin und vegetiert in Paris, nachdem sie als Jüdin eben in jenem Frühling des Jahres 1968 von ihrem Posten verjagt wurde. Wie man weiß, trauern auch viele der aus Polen vertriebenen Juden bis heute ihrer verlorenen polnischen Heimat nach. Zu diesem Zeitpunkt, auf den auch in mehreren Romanen der letzten Jahre Bezug genommen wurde, ist das akute Konfliktpotential dieses polnisch-deutsch-jüdischen Dreiecksverhältnisses besonders deutlich zutage getreten. Es sticht ins Auge, daß etwa am 28. April 1968 z. B. die satirische Wochenschrift *Szpilki* (Nadeln) eine sogenannte Karikatur abdruckte, in der ein offensichtlicher SS-Offizier auf der Toilette sich die Hände an der Zeitung *Jewish Chronicle* abtrocknet. Das ‚humorige Meisterwerk' trägt folgende Unterschrift auf polnisch: „Die Zionisten helfen den Hitlerfaschisten, ihre Hände von der Schuld am Judenmord reinzuwaschen."[26]

Ohne zu beschönigen, nennt Szczypiorski in seinen Romanen die Dinge beim Namen, weshalb ihn die polnischen Nationalisten einen „Juden" schimpften, der er natürlich nicht war. Den Begriff, den Szczypiorski für die polnisch-jüdischen Beziehungen verwendet, hat er im Deutschen gefunden: „Haßliebe". Symbolisch für diese von Haßliebe getragene und letztlich gescheiterte Symbiose scheint ihm

---

[25] Deutsch von Klaus Staemmler, Zürich 1988, S. 248.

[26] Abb. in: Aleksander Klugman, *Na ostrzu pióra (O wielkim kłamstwie - prawdy słów kilka),* Tel Awiw 1968, S. 64.

das Karussell, das sich 1943 in den Tagen des Warschauer Ghettoaufstandes jenseits der Mauer drehte, worüber Czesław Miłosz, der polnische Nobelpreisträger, das oben erwähnte ergreifende Gedicht geschrieben hat: Während im Ghetto selbst der Aufstand blutig niedergeschlagen wurde, mischte sich in das Krachen der Gewehrsalven die Kirmesmusik, zu deren Klängen sich das Karussell auf der anderen, „arischen", Seite der Ghettomauer ungestört weiterdrehte.[27] Ein Jahr später wurde der opferreiche Warschauer Aufstand ebenfalls niedergeschlagen. Aber die eine Tragödie kann die andere nicht ungeschehen machen, und man kann sie nicht gegeneinander aufrechnen.

So weist auch Szczypiorski darauf hin, daß gut einhunderttausend Juden mit Hilfe von Polen am Leben geblieben sind. Vor Jahren (1987) erschien ein Buch unter dem Titel *Uns eint vergossenes Blut. Juden und Polen in der Zeit der ‚Endlösung'* von Władysław Bartoszewski, worin er die Solidarität der unter der deutschen Besatzung verfolgten Polen mit den todgeweihten Juden schildert. Bezüglich der Form und Intensität der polnischen Hilfe für Juden in jener Zeit sind allerdings Mythen entstanden. Denn es gab durchaus auch Polen, die mit den Deutschen gemeinsame Sache machten, was z. B. Jan Błoński in dem erwähnten Artikel ansprach, und worüber Bartoszewski schweigt. In der von mir herangezogenen Literatur werden beide Gruppen genannt. Ich hätte natürlich viel lieber auf andere Gemeinsamkeiten als das „vergossene Blut" verwiesen, die diese drei Völker im Herzen Europas verbinden, zum Beispiel ihre tiefe gegenseitige kulturelle Durchdringung – von der Sprache angefangen über die Musik, die Literatur, die Kunst – die schöneren Dinge eben. Aber auch heute noch scheint mir eines der Hauptprobleme im polnisch-jüdischen Verhältnis in der Schwierigkeit der beiden Völker zu liegen, nämlich hinsichtlich ihrer Opferrolle im „3. Reich" miteinander ins Reine zu kommen. Es entsteht der Eindruck, als wähnten sich hierbei manche Leute in einem Wettstreit darüber, welches der beiden Völker das größere Opfer sei.[28]

---

[27] Elvira Grözinger, „Das Karussell – ein nicht nur literarisches Symbol. Zum polnisch-jüdischen Verhältnis 50 Jahre nach dem Ausbruch des 2. Weltkrieges", in: *Frankfurter Jüdische Nachrichten,* Herbst 1989, S. 14-15.

[28] Thematisiert wird es auch in Polen, u. a. von Hanna Świda-Ziemba in ihrem Aufsatz „Hańba Obojętności" (Die Schande der Gleichgültigkeit, in *Gazeta Wyborcza*, 17.8.1998. Frau Prof. Bożena Chrząstowska danke ich für den Hinweis). Das Echo der polnischen Debatte, an der sich der polnisch-jüdische Publizist Stanisław Krajewski sowie der katholische Priester Stanisław Musiał beteiligen, reicht bis nach Brandenburg, wo es im deutsch-polnischen Informationsbulletin *Transodra*, Oktober 1998, abgedruckt wurde. Über das „Kreuz mit den Kreuzen von Auschwitz" schrieb ich in *Frankfurter Jüdische Nachrichten*, Dezember 1998.

Daß es im heutigen Polen Stimmen geben kann, die öffentlich und unwidersprochen fordern, die Asche der ermordeten Juden soll nach Israel weggeschafft werden (vor dem Krieg hatte man ja schon, „Juden nach Palästina!" gerufen), zeigt, daß man von einer friedlichen Koexistenz leider noch weit entfernt ist. Da für mich die Literatur der Seelenspiegel eines Volkes ist, prüfe ich nach, wie die polnische Gegenwartsliteratur zu diesen Dingen steht.

Szczypiorskis Roman *Die schöne Frau Seidenman* griff als eines der ersten Bücher zu diesem Thema alle neuralgischen Punkte und Traumata auf, die das Verhältnis zwischen den drei Nachbarn bestimmen. Sie gehören zum Kanon der modernen polnischen Literatur: Die Besatzung Polens durch die deutschen Truppen, die „Vergewaltigung" – der Geschichte – gemeint sind damit insbesondere die polnisch-sowjetischen Freundschaftsmythen –, und hinzu kommt die „Judenfrage". Dazu gehört auch das Überleben von Juden auf der „arischen" Seite, ein Privileg jener, die ein entsprechendes Aussehen hatten und die dazugehörigen – falschen – Papiere. Juden außerhalb des Ghettos waren nicht vor Versuchen der Kollaborateure sicher – auch jüdischer –, sich bei der Gestapo beliebt zu machen und die sich Versteckenden als Juden zu denunzieren (wie im Falle der Heldin Seidenman). Häufig waren diese Kollaborateure auch Erpresser, die sich vorher an ihren Opfern noch bereicherten – man nannte sie „Szmalcowniks" – wie es auch bei Brandys nachzulesen ist. Damit kontrastiert der Mut Einzelner, die trotz der tödlichen Bedrohung ihren Mitmenschen halfen. Schließlich, trotz alledem, der Schock des Jahres 1968: die erneut von oben befohlene Pogromstimmung, der sich kaum jemand widersetzte. Eine solche plötzliche erneute Existenzvernichtung durch die Menschen, mit denen man das Land nach der Zerstörung durch den gemeinsamen Feind wieder aufgebaut hatte, hat bei vielen Juden, die die Nazizeit überlebten, den Sinn dieses Überlebens in Frage gestellt. Die jüdische Romanheldin, die Arztwitwe Gostomska-Seidenman, konnte mit falschen Papieren dank des „guten", „arischen" Aussehens die deutsche Besatzungszeit überleben. Von einem solchen „Szmalcownik", der sie aus der Vorkriegszeit kannte, wurde sie zwar an die Gestapo verraten, jedoch mit vereinten Kräften durch einige gute Polen und ihren Freund, einen – ebenso guten –Volksdeutschen Johann Müller gerettet. Solche Schicksale gab es – auch meine Eltern haben auf diese Weise überlebt. Nach dem Krieg lebt die ehemals „schöne Frau Seidenman" friedlich in Polen, bis man sie von ihrem Arbeitsplatz, der ehemaligen Gestapo-Zentrale, rauswirft und sie nach Paris emigriert. Dort räsonniert sie, die die Welt nicht mehr begreift, über über ihre nunmehr „gerissene Geige".[29]

Nach Szczypiorski ist der traditionelle polnische Antisemitismus, der die polnisch-jüdischen Beziehungen über Jahrhunderte begleitete, nach dem Krieg und der Judenvernichtung zu einer mentalen Abweichung, der Schizophrenie vergleichbar, entartet. Diese eingebildete kollektive politische Krankheit, die sich z. B. 1968 massiv manifestiert hatte, markiert einen moralischen Tiefpunkt in der polnischen Geschichte der Nachkriegszeit. Szczypiorski versucht unermüdlich, das Bewußtsein dafür zu schärfen, denn er meint, daß das heutige Polen ohne Juden ein ärmeres, beschädigtes Polen geworden ist.

In Andrzej Szczypiorskis weiterem Roman, *Nacht, Tag und Nacht*[30] spielt das Dreiecksthema im Verhältnis zwischen Polen, Juden und Deutschen wiederum die zentrale Rolle, ein Nachhall auf die stalinistische Ära in Polen, mit Deutschen, Russen, Polen und Juden als Kommunisten, Faschisten, Schiebern, Opportunisten, Karrieristen, Verbrechern... Ein Panoptikum einer Gesellschaft, die sich aus den Ruinen erhebt, innerlich aber genauso ausgebrannt und in irgendeine Schuld verstrickt ist wie diejenigen, die sie in Schutt und Asche gelegt hatten:

> „Nur Dummköpfe vergossen wegen der Kriegsverwüstungen Tränen. Sogar manche Genossen vergossen Tränen. Sie begreifen nicht, daß es der Ruinen bedurfte, um endlich den Neubau beginnen zu können. Und was die Toten anbetraf, so konnte man einen Menschen betrauern, vielleicht auch zwei, nicht aber mehrere Millionen. Mehrere Millionen Opfer, das ist kein menschliches Drama mehr, sondern Geschichte. Und die Geschichte hatte ihre Gesetze, denen gegenüber die Vernunft einst wehrlos war. Heute erweist sich alles als blendend klar."[31]

Das sagt eine der Hauptfiguren des Romans, der kommunistische Funktionär Czesław Czarnocki, den auch das Kommen von Hitler nicht überrascht hatte. Aber: „Czarnocki hieß in seiner Kindheit und frühen Jugend Szwarcblat, genauer gesagt Chaim Szwarcblat, Sohn von Ozjasz Szwarcblat, Textil-Großhändler in der Karmelicka-Straße [...]. Schon damals war er Kommunist."[32] Aber am Ende wird auch er wieder ein gläubiger Jude. Die Verbindung zwischen Judesein und Kommunismus, in Polen feindselig „Żydo-Komuna" genannt, wird hier

---

29 *Die schöne Frau Seidenman*, S. 135, 248. Vgl. E. Grözinger, „Die gerissene Geige. Dreißig Jahre nach der Vertreibung der Juden aus Polen", in: *Frankfurter Jüdische Nachrichten*, April 1998, S. 24.

30 Andrzej Szczypiorski, *Nacht, Tag und Nacht*, deutsch von Klaus Staemmler, Zürich 1991.

31 Ebd., S. 71.

32 Ebd., S. 40.

nicht ausgespart. Das „Dreiecksthema“ und der Antisemitismus, der bis zum Judenmord geht, wird von Szczypiorski kritisiert und bildet auch in *Nacht, Tag und Nacht*, den einen Strang, wobei auch er den Stereotypen nicht entgeht, denn die meisten überlebenden Juden werden von ihm als schmuggelnde Devisenhändler gezeichnet[33]:

> „Die sorgfältig gekleideten“ [jüdischen Schwarzhändler] „standen auf den Bürgersteigen [...] die meisten in Reithosen und hohen Offiziersstiefeln, in engen Jacketts oder im Battledress aus amerikanischen UNRRA-Paketen und handelten mit Dollars oder Altgold.“

Einer von diesen Devisenhändlern, Knoller, ein Überlebender von Auschwitz, will nach Amerika auswandern, denn für ihn ist Polen nur noch „ein einziger großer jüdischer Friedhof“[34]. Nicht nur den Behörden sind sie ein Dorn im Auge, sondern auch der übrigen polnischen Bevölkerung, die selbst keine Perspektive auf eine Ausreise in das gelobte Land Amerika hat. Schon hier setzt die neidgenährte Animosität der beiden Bevölkerungsgruppen zueinander ein.

Szczypiorski zieht vereinfachende Linien durch das komplexe und häufig verwischte Zusammenhangsgeflecht zwischen Opfern und Tätern und scheut nicht vor Tabuverletzungen zurück:

> „Gutmajer konnte auch Milizionär Kamaszek nicht leiden. Er verachtete ihn mit jener geheimen Kraft, mit der nur ein begüterter Jude einen armen Christen verachten kann. Der Milizionär Kamaszek seinerseits haßte Gutmajer mit jener geheimen Kraft, mit der nur ein armer Christ einen begüterten Juden hassen kann.“[35]

Dieser Haß entlädt sich im Mord – im Mord an den „begüterten“ Juden, wie in alten Zeiten. Szczypiorski zeichnet einen ehrlichen, wenn nicht unbedingt getreuen Spiegel der Gesellschaft in jenen Jahren. Sein Fazit lautet, daß allem menschlichen Tun etwas individuell Erlebtes, Erfahrenes oder Erlittenes zugrunde liegt, was vielleicht entschuldigend oder entlastend sein mag. Es ist im Falle der Polen und Juden die gemeinsame Geschichte:

> „Figuren aus einem wahnwitzigen Traum, den Polen und Juden der vergangenen Jahre hindurch geträumt haben, als die Juden vergast und in Krematorien verbrannt wurden, die Polen aber erschossen, beraubt und gemartert auf dieser geduldigen Erde, die Gott dazu bestimmt hatte, der Friedhof Europas zu werden.“[36]

---

[33] Andrzej Szczypiorski, ebd., S. 52.
[34] Ebd., S. 52.
[35] Ebd., S. 96.
[36] Ebd., S. 60-61.

Alle sind Opfer – das ist Szczypiorskis Philosophie, die den Kern der Rivalität zwischen Polen und Juden um den Status des Opfers der Menschheitsgeschichte schlechthin enthält. Diese seine Sicht der Geschichte ist der Grund für Szczypiorskis kritische Haltung gegenüber der deutsch-deutschen Stasivergangenheitsbewältigung. Er meint, die Deutschen hätten noch ihre Nazivergangenheit zu bewältigen, was er aus der Tatsache folgert, daß bis dato darüber noch kein großes literarisches Werk hierzulande verfaßt worden sei.

Eine wichtige Komponente bei der Beharrlichkeit des polnischen Antisemitismus spielt der im kommunistischen Polen verbreitete Mythos der polnisch-sowjetischen Freundschaft als Gegenpol zur polnisch-deutsch-jüdischen Feindschaft. Szczypiorski lehnt zwar den Antisemitismus entschieden ab, er distanziert sich aber nicht immer eindeutig von dem schon oben erwähnten Vorurteil, „Żydo-Komuna“, der angeblichen Hingabe der meisten Juden an den Kommunismus, der von Szczypiorski auch anderswo angeführt wird. So meldete er sich bereits 1979 in einem Aufsatz für die deutsche Presse zu Wort, der in der polnischsprachigen Pariser Exilzeitschrift, der damals in Polen verbotenen *Kultura*, ohne sein Wissen, wie es dort beschützend heißt, abgedruckt wurde. Darin schrieb er in einem Artikel „Polen und Juden“ unter anderem Folgendes:

> „Das Jahr 1968 ist ein historisches Faktum. Es ist unmöglich, es wegzuwischen oder es als eine Einbildung zu betrachten [...] Im Jahre 1968 haben fast alle Polen jüdischer Herkunft ihr Land verlassen. Es waren unter ihnen sehr viele, die nicht mehr wußten, daß sie aus lange vergangenen Diaspora-Ghetti stammten, sie haben sich stets als Polen gefühlt und haben im Jahre 1968 einen tiefen Schock erlebt [...] Unter den Vertriebenen des Jahres 1968 ist die Mehrheit jener, die ich als Pole bis zu meinem Lebensende um Verzeihung bitten werde [...] aber unter diesen Vertriebenen gibt es auch solche, denen ich als Mensch keine Hand reichen werde, weil sie anderen Menschen zu viel Leid zugefügt hatten. Die Tatsache, daß sie jetzt Opfer der Sitten ihres eigenen politischen und moralischen Milieus geworden sind – könnte zwar Mitleid, jedoch keinen Respekt erregen.“[37]

Und hier liegt meines Erachtens ein weiteres Kardinalproblem des heutigen polnisch-jüdischen Verhältnisses, nämlich, auch der wohlmeinende Intellektuelle Szczypiorski begeht einen Denkfehler, indem er diese Juden als die offenbar einzigen Schöpfer und Träger des kommunistischen Systems darstellt, denn die nichtjüdischen Kommunisten, die sich sicherlich nicht minder die Hände schmutzig gemacht

---

[37] *Kultura* 5/380, 1979, S. 3-13.

haben, sind ja unbehelligt geblieben, und nur die Juden mußten als die Opfer ihres „eigenen Milieus" das Land verlassen. Ich kenne die Zahlen nicht und weiß nicht, wie viele Juden unter den Opfern der Säuberungen von 1968 tatsächlich kommunistische Täter waren, aber angesichts der Stärke des Systems und ihrer eher nur noch relativ geringen zahlenmäßigen Präsenz im Lande scheint mir der Vorwurf etwas überzogen und unfair. Es muß also auch der eine oder andere nichtjüdische Pole an dem Gerüst des Kommunismus kräftig mitgetragen haben, der ja übrigens eine deutsche Erfindung ist... Ich bin weit davon entfernt, für irgendwelche Täter um Verständnis zu bitten. Es gab unter den jüdischen Akademikern, die damals hauptsächlich die Leidtragenden wa-ren, bestimmt viele, die dem Kommunismus huldigten, weil sie ihm zum einen die Befreiung vom Nationalsozialismus und somit ihr Überleben zu verdanken hatten und zum anderen, weil sie vor dem Krieg im antisemitischen Klima Polens, insbesondere nach der Piłsudski-Ära, für sich, die Parias, das Heil im egalitär-maskierten Kommunismus suchten – oftmals vergeblich, wie wir wissen. Aber man muß diese Tatsache berücksichtigen: Juden waren keine normalen Bürger mit allen Rechten, auch nicht im Polen, das zwar ein Minderheitenschutzabkommen unterzeichnet hatte, aber auch „Judenghettos" in den Universitätssälen einrichtete. Außerdem hat der Kommunismus, wie wir auch wissen, bis vor kurzem auf Legionen von Intellektuellen in vielen Ländern eine unerklärliche Faszination ausgeübt, die ja nicht ausschließlich eine jüdische Domäne war. So viel zu den Deutschen, den Polen und den Juden bei Szczypiorski. Auch diese Debatte trübt bis heute die Beziehungen zu manchen katholischen Kirchenkreisen und wurde leider vom polnischen Kardinal Glemp nicht entschärft.

Ich kehre nun zur schönen Literatur zurück. In Hanna Kralls autobiographisch gefärbtem Roman *Die Untermieterin*, für den sie 1985 den „Untergrund-Preis" der Solidarność erhalten hat, geht es ebenfalls um das Überleben, diesmal eines Mädchens im Schrank-Versteck auf der „arischen Seite". Das jüdische Mädchen Marta und ihr *alter ego*, die Polin Maria, verkörpern die zwei Seiten der Medaille einer polnisch-jüdischen Existenz in Spannung zwischen dem Wunsch, dazuzugehören, und dem Gefühl, fremd zu sein, insbesondere in der Zeitspanne der Solidarność und des Kriegsrechts. Auch Hanna Krall kommt auf die Ereignisse des Jahres 1968 zu sprechen, welche Erinnerungen an die NS-Zeit wachrufen:

> „Und wer ist das? Na so was – das ist ja Tante Rosa! Schaut mal, was für ein günstiges Aussehen sie hatte. Sie hätte sich gar nicht verstecken müssen, wenn sie sich nicht auf der Straße ständig umgedreht hätte, um zu schauen, ob ihr einer folgt. Im Jahr 1968 hat sie den Tick noch mal ge-

kriegt und fing wieder an, sich ständig umzuschauen, so daß man sie schließlich in eine psychiatrische Klinik bringen mußte."[38]

Hanna Krall, deren Bücher in Deutschland ebenfalls viele Leser haben, sagte übrigens einmal in einem Interview, auf den polnischen Antisemitismus angesprochen, sinngemäß Folgendes: Sie könne den polnischen Antisemitismus nicht ertragen, habe aber gerade in Deutschland nicht die Lust dazu, darüber zu sprechen. Ihr Schreiben wird als Selbsttherapie verstanden. Eint uns das vergossene Blut?

Neben Hanna Krall hat Maria Nurowska mit mehreren – eher trivialeren – Büchern die deutschen Leserscharen erobert. Auch sie befaßt sich mit dem Dreiecks-Thema, was mir als das Geheimnis ihres Erfolges erscheint. Ihr Roman *Postscriptum für Anna und Miriam* handelt ebenfalls vom Überleben auf der arischen Seite, vom polnischen Antisemitismus, dem Kriegsrecht und der Emigration, also den Kernthemen, die die polnische Gesellschaft bewegten. Den Inhalt zusammenfassend: Die Polin Anna Lazarska verläßt ihren sterbenden Vater und geht ins Ausland. Es stellt sich heraus, daß sie die Jüdin Miriam Zarg ist, die als Kleinkind über die Mauer des Warschauer Ghettos geworfen und von ihrem polnischen Finder als eigene Tochter großgezogen wurde. Aus dem Tagebuch ihres „Vaters" erfährt sie die wahre Geschichte, bekommt eine schwere Indentitätskrise, findet eine noch in Amerika lebende Schwester, die sie zu sich einlädt. Sie macht sich auf die Reise, die sie zunächst nach Köln führt. Hier trifft sie einen deutschen Journalisten, der sich für sie und ihr Schicksal interessiert, doch ihre Depression, Schuldgefühle dem Vater gegenüber und die Verhängung des Kriegsrechts in Polen führen sie zum Selbstmord. Der deutsche Journalist rekonstruiert ihre Geschichte aus den hinterlassenen Papieren.

Das ist der äußere Rahmen. Nurowska, Jahrgang 1944, hat darin geschickt die polnisch-jüdisch-deutschen Psychogramme gezeichnet und Tabuthemen, wie den lange verschwiegenen Pogrom von Kielce, angesprochen. Typisch ist auch das Verhältnis des Vaters zu seinem jüdischen Findelkind. In seinen Notizen nennt er sie mehrmals „die kleine Jüdin". Zwar ist auch er ein „anständiger" Pole, doch auch er kann nicht über seinen Schatten springen und sein Verhältnis zu Juden ist ein sehr ambivalentes, man könnte es Salon-Antisemitismus nennen, über den sich sogar eine Glosse in dem populären Wochenmagazin *Przekrój* ausließ. So schreibt der Vater in seinen Tagebuchnotizen:

---

[38] Hanna Krall, *Die Untermieterin*, aus dem Polnischen von Anna Leszczyńska, Frankfurt a. M. 1990, S. 52.

„Dieser Schatten von einer Frau beschützt die kleine Jüdin [...] Und die nächste Frage und zugleich ein moralisches Dilemma: Haben wir das Recht, von der Hilfe dieser Unglücklichen zu profitieren, oder aber nicht? Doch letztlich hat sich dieses Volk immer am Körper anderer Völker genährt, vielleicht ist das also der normale Lauf der Dinge?“ [39]

Auch bei Nurowska kommt das Jahr 1968 als Schlüsseljahr für das Dreiecksverhältnis zur Sprache. Anna Lazarska erzählt dem Journalisten über die Frau, die bei ihr zu Besuch war:

„Das war eine März-Jüdin. März deshalb, weil ihr damals ihre Abstammung in Erinnerung gebracht wurde. Als junges Mädchen war sie durchs Lager gegangen, sie war eines der Versuchskaninchen von Doktor Mengele gewesen [...] Es sind tiefe Narben geblieben. Sie wollte den Krieg und die Deutschen vergessen. Sie arbeitete als Bibliothekarin an einer Universität, sie heiratete einen Polen und hatte mit ihm zwei Kinder. Es gelang ihr, die Vergangenheit auszustreichen. Aber die Vergangenheit hat sich ihr selbst wieder in Erinnerung gebracht. Es fanden sich Leute, die das zurückbrachten, von dem sie geglaubt hatte, sie hätte sich dessen auf ewig entledigt. Jetzt ist sie in Deutschland, weil ihre Kinder hier leben. Jedesmal, wenn sie aufwacht und die deutsche Sprache hört, hat sie das Gefühl, dort zu sein, in Auschwitz. Die Deutschen sind jetzt sehr gut zu ihr, man hat ihr gegen ein hohes Honorar angeboten, öffentlich aufzutreten. Sie sollte darüber sprechen, was ihr widerfahren ist, und die Leute warnen. Sie hat abgelehnt. Sie kam zu mir, weil sie in einem Komitee ist, das Hilfe für Bedürftige in Polen organisiert. Sie bat um Adressen, an die sie Pakete schicken können.“ [40]

Die vorletzten Juden sind also 1968 aus Polen vertrieben worden, und die letzten sind im Bewußtsein der jüngeren Generation der Polen offenbar nicht mehr präsent. Diese jüngere Generation kennt zwar die Juden nicht mehr, umso stärker wächst ihr Interesse an diesem nunmehr „weißen Fleck“ in ihrer Geschichte. Symptomatisch dafür ist der schon erwähnte Erstlingsroman des Polen Paweł Huelle *Weiser Dawidek* von 1987[41]. Es ist das polnische Buch der letzten Jahre, das mich besonders ergriffen hat.[42] In den auf dem Hintergrund von Gdańsk geschriebenen Romanen – hier und in *Hannemann* (dt. *Der Tod in Danzig*, 1995) von Stefan Chwin – werden auf natürliche Weise die

---

[39] Maria Nurowska, Frankfurt a. M. 1991, S. 61; s. auch M. Nurowska, *Briefe der Liebe.* Roman, Frankfurt a. M. 1992. Beide aus dem Polnischen von Albrecht Lempp.

[40] Maria Nurowska, *Postscriptum für Anna und Miriam*, S. 136f.

[41] Deutsch Frankfurt a. M. 1990, übersetzt von Renate Schmidgall.

[42] Vgl. meinen Aufsatz „Das polnisch-deutsch-jüdische Dreiecksverhältnis als Thema der polnischen Gegenwartsliteratur“, in: *Mythen und Stereotypen auf beiden Seiten der Oder*, hrsg. v. Hans Dieter Zimmermann, Berlin 2000, S. 79-92.

Konturen unseres Dreiecks sichtbar, wobei Huelle einen Juden und Chwin einen Deutschen als Hauptfigur gewählt haben. Bei Chwin kommen die Danziger Juden wie die Deutschen als verbrannt, jetzt also abwesend, vor, und ihre Spuren verschwinden langsam wie die Ruinen der Synagoge, die abgeschafften protestantischen Kirchen oder die verwitternden Ladenschilder eines Cohns und Kagans; ihre Spuren verlieren sich auch wie die verblichenen Monogramme auf ehemals deutscher Bettwäsche. Bei Chwin geht es weniger um das Dreieck als um das Zweierverhältnis zwischen Polen und Deutschen. Aber auch hier ist es eine Geschichte der Abwesenheit.

Eine ebensolche Geschichte der Abwesenheit verfaßte Huelle, denn der 1957 geborene Autor wuchs bereits ohne die deutschen oder die jüdischen Nachbarn auf. Huelle kennt das existierende und in den polnischen Köpfen immer noch geisternde Feindbild Deutschland („diese preußischen Schweine" sollen beispielsweise für das Fischsterben in der Danziger Bucht verantwortlich sein), oder auch der pedantische, verhaßte Biologielehrer M., der die Verhöre durch eigene sadistische Strafmaßnahmen für die Schuljungs noch unerträglicher macht: „Das Arsenal von Methoden war unerschöpflich." Er entpuppt sich als ein masochistischer Perverser und am Ende gar als ein Deutscher! Er emigriert nämlich, sobald er kann, nach Bayern und spielt dort zynisch die Rolle eines politisch Verfolgten:

> „Später, nach 1970, als die zwei Staatsmänner jenen Vertrag unterschrieben, den die Zeitungen in Deutschland und Polen als ein historisches Ereignis bezeichneten, als viele Menschen für immer in das Land des Georg Wilhelm Friedrich Hegel auswanderten, erfuhr ich, daß unter ihnen auch M. war."[43]

Ein weiteres altes Feindbild ist Rußland („die russischen Manöver" sollen dazu angetan sein, „daß wir alle nacheinander krepieren, wie die Fische", wie die Fischer sagen). Huelle behandelt hier all die Sujets, die uns schon bei Brandys und Szczypiorski begegnet sind – eine poetische Summe der polnischen Nachkriegsrealität. Er geht mit allen Unterdrückungsorganen ins Gericht, den polnischen Behörden, den opportunistischen Lehrern, und last not least mit der katholischen Kirche, die auf dem Gebiet der Volksverdummung und -verhetzung den anderen leider in nichts nachsteht. Bei Huelle kommt außerdem die neue Komponente der erbarmungslosen Umweltverschmutzung hinzu, und er verletzt in seinem Buch viele Tabus, prangert alle Unterdrükkungsinstanzen an, und er tut es meisterhaft. Bezüglich der Juden je-

---

[43] *Weiser Dawidek*, S. 223.

doch schöpft er sozusagen aus dem vollen Topf der Mythen, weil er anscheinend keine lebenden Juden kennt, ganz so, wie es bei Nurowska hieß: Anna-Miriam, die polnisch-jüdische Hauptfigur ihres Romans, wußte bis 1968 ebenfalls nicht, daß es in Polen Juden gab. Anna Lazarska schrieb einmal:

> „Ich glaube, daß man auf die Nachricht, die Tochter eines Froschmanns zu sein, in ein Geschäft mit den entsprechenden Gerätschaften geht und sie sich aufmerksam anschaut. Auf die Nachricht, daß man die Tochter eines Juden ist, geht man auf den Friedhof. Wohin könnte man sonst gehen?"[44]

Die Hauptgestalt des Romans von Huelle, der im heißen Sommer des Jahres 1957 zwölfjährige Junge Dawidek, verschwindet beim Spiel mit Blindgängern und anderen Kriegshinterlassenschaften auf geheimnisvolle Weise und wird nicht mehr gefunden. Es gibt eine groteske Untersuchung mit Verhören der Mitschüler, die dem – nun erwachsenen Erzähler – zur Rekapitulierung der in Gdańsk (früher Danzig) gemeinsam verbrachten Zeit dient. Er ist seit dem Verschwinden des Schul- und Spielkameraden unablässig auf der Suche nach dessen Spuren, die ihn, wie so oft im Polen der Gegenwart, bezeichnenderweise in die Bundesrepublik Deutschland führt. Ein weiteres – ebenfalls kein neues – Feindbild, diesmal in den Köpfen der Kinder, sind die Juden, denn „Dawidek bleibt bei uns in Reli weg". Fazit: „Dawid ist ein Itzig"[45] und wird als solcher ausgegrenzt. Da Huelle die Juden nur vom Hörensagen kennt, greift er zwangsläufig auf Stereotypen zurück und beschreibt seinen Helden wie einen galizischen Talmudschüler, der den Gemälden jüdischer Genremaler entsprungen sein könnte:

> „...er ging in die gleiche Schule wie wir, lief über den gleichen Hof und kaufte wie wir in Cyrsons Laden klebrige Flaschen mit Limonade [...]. Niemals jedoch machte er bei unseren Spielen mit, er stand immer abseits und hatte ganz entschieden keine Lust, einer von uns zu sein [...] Er war eher von kleinem Wuchs, sehr schmal und ging leicht gebeugt, und er hatte

---

[44] *Postscriptum für Anna und Miriam*, S. 126. Dazu auch Klaus-Peter Walter, „‚Die eine Hälfte der Walnuß' – Polnische Juden: Biographie, Identität und Existenz. Zu einem gemeinsamen Thema von Andrzej Szczypiorski, Hanna Krall und Maria Nurowska", in: *Deutsch-Polnische Ansichten zur Literatur und Kultur, Jahrbuch des Deutschen Polen-Instituts*, Darmstadt 1991, S. 108-128. Und das Thema des Überlebens verläßt Krall auch in anderen Werken nicht, so in dem Buch *Dowody istnienia* (dt. Existenzbeweise, 1997) von 1995. Darin geht sie den Spuren jüdischer Kinder nach, die von katholischen Adoptiveltern gerettet wurden und jetzt mit ihrer Identitätssuche beschäftigt sind, die sich aber als schwierig erweist.

[45] *Weiser Dawidek*, S. 11.

> eine kränklich weiße Haut – den einzig bemerkenswerten Kontrast dazu bildeten seine unnatürlich großen, weit geöffneten, sehr dunklen Augen. Deshalb sah er so aus, als hätte er immer Angst vor irgend etwas, als erwartete er jemanden oder etwas, was ihm schlechte Nachrichten brachte."[46]

Es stellt sich aber heraus, daß Dawidek über übersinnliche Kräfte verfügt, gar keine Angst hat und in allem seinen Kameraden weit überlegen ist: Er kann levitieren (über der Erde schweben), wie der Vater von Bruno Schulz; er kann mit seinem Blick wilde Panther und andere Tiere zähmen und mit der Kraft seiner Gedanken ein verlorenes Fußballspiel zugunsten seiner Freunde in einen Sieg verwandeln – ein kleiner Kabbalist, eine Art jüdischer Oskar Matzerath, die in Gdańsk wohl häufig zu finden sind. Schließlich löst sich Dawidek auf, ohne eine Spur zu hinterlassen. Übermenschlich! Außerdem wußte er über alles Mögliche Bescheid – über Schopenhauer und über die Orgel von Oliwa. Denn auch sein angeblicher Großvater, der jetzt als Schneider tätige Abraham Weiser (Nomen est omen), soll vor dem Krieg ein Philosoph gewesen sein, der mit Tieren und Pflanzen sprach – ein wahrer chassidischer Meister! Da Dawidek in Brody geboren sein soll, dem vermeintlichen Entstehungsort des Chassidismus, ist dies kein Wunder. Also lauter Mythen und stereotype Gemeinplätze, die neben den anderen Romanfiguren und auf dem konkreten Danziger Hintergrund irritierend wirken. Woher kommt das? Wohl davon, daß aus der Sicht von Huelle das heutige Polen, ja Europa, „judenfrei" ist. Seine folgenden Worte muten deshalb recht seltsam, ja irritierend, an:

> „Das Verlorengehen und wundersame Wiederauffinden von Menschen war, so scheint es, das tägliche Brot der damaligen Beamten der Abteilung zur Bevölkerungserfassung, und Herr Abraham Weiser konnte erfolgreich behauptet haben, der Junge sei sein Enkel, heiße Dawid und trage denselben Namen wie er, nur, daß er polnischer Volkszugehörigkeit war, aber einfach vielleicht deshalb, *weil jenes Volk völlig aufgehört hat zu existieren. Als Herr Abraham Weiser das Formular ausfüllte, war sein Volk aus Europa verschwunden,* und deshalb trug er für den Jungen die polnische Volkszugehörigkeit ein oder ließ sie eintragen, denn die Staatsangehörigkeit war schließlich eine zweitrangige Sache in Zeiten wie diesen, die er irgendwo im Südosten unter Ukrainern, Deutschen, Russen, Polen, Juden, Armeniern und was für Leuten sonst noch verbracht hatte [...]"[47]

Auch auf diese Weise enststehen, vielleicht ungewollt, eben sogar Vorurteile. Huelles Buch ist, wie die anderen oben genannten, in dem

---

[46] *Weiser Dawidek*, S. 9.

[47] Ebd., S. 68f. Hervorhebung von mir.

polnisch-jüdisch-deutschen Dreieck gefangen – eine Verflechtung, die höchst problematisch und dem normalen nachkriegsdeutschen Leser kaum bewußt ist.

Zum Schluß komme ich von der West- an die Ostgrenze Polens, zu dem Buch *Der weiße Stein* von Anna Bolecka.[48] Bei Bolecka ist das das südöstliche Grenzgebiet des Vorkriegs-Polens, in dem sie die Kindheit und Jugend ihres Urgroßvaters rekonstruiert, wobei sie sowohl eine großartige Fabulierkunst als auch eine weitgehende Authentizität an den Tag legt. Dort, im Lubliner Land, wo es zahllose Dörfer und Schteteln gab, in denen bis 1939 die Polen, Ukrainer und Juden mit-, neben- und auch gegeneinander lebten. So hat die Familie des Urgroßvaters jüdische Nachbarn, der Junge wächst mit einem jüdischen Freund, Benko, zusammen auf. Dieser Mikrokosmos wird während des 2. Weltkriegs durch die mordenden Deutschen zerstört. Die Leere, die daraus entstanden ist, wird mit märchenhaften Elementen und eben mit Mythen und Stereotypen gefüllt. So beschwört dieses Buch eine beinah heile Welt der friedlichen Koexistenz, die es so nicht gegeben hat. Sie ist auch nicht erst durch die deutschen Nationalsozialisten zerstört worden. Ich erinnere nur an die ewigen Spannungen zwischen den ukrainischen Bauern (Hajdamaken), Polen und Juden und sie entluden sich immer wieder in Massakern an Juden, so vor 350 Jahren unter Bogdan Chmielnicki oder vor 80 Jahren, 1919, unter Simon Petljura.

Für die guten Beziehungen zwischen den kulturell und religiös so unterschiedlichen Gruppen führt Bolecka eine Heilung des jüdischen Kindes Benko durch einen ukrainischen Wunderheiler mittels eines geschlachteten Schweins an. Bei einem Exorzismus ähnlichen Ritual kriechen aus dem Körper des im toten Schwein eingebettet liegenden Jungen Würmer heraus, so daß er genesen und gesund bleiben kann. Daß Blut ein für Juden unreiner Saft und das Schwein ein absolut unreines Tier ist, spielt dabei natürlich eine Rolle, wie bei vielen anderen Volksbräuchen auch. Es erstaunt nur, daß die jüdische Familie dieser Art heidnischem Akt zustimmt. Bolecka beschreibt auch das Schaufenster der Barbierstube von Ryfka:

> „Hinter der Scheibe standen auf einem mit vergilbten Papier ausgelegten Bord zwei große Gläser. In dem einen klebten lange, schwarze Blutegel an den Wänden. In dem anderen trieb ein menschlicher Embryo in Formalin [...] Das Glas mit dem Embryo stand bis zum Ersten Weltkrieg in dem Schaufenster, um dann zusammen mit Ryfkas Sohn, der mit seiner Familie

---

[48] Warschau 1994, Deutsch von Albrecht Lempp, Berlin 1998.

weiter nach Osten zog, für immer zu verschwinden.“[49]

Warum ein Glas mit einem Embryo das Schaufenster eines jüdischen Schtetel-Barbiers zieren sollte, ist mir unklar. Es klingt mir eher nach einer Hexenstube, denn nach einer jüdischen Barbierstube, denn im Judentum müssen tote Menschen sofort beerdigt und dürfen nicht zu Schauzwecken in Formalin aufbewahrt werden.

Interessant ist, daß die Autorin den mit Vorurteilen und Mythen beladenen Antisemitismus nicht verschweigt, der in weiten Kreisen des polnischen Klerus auch schon vor dem Krieg vorhanden war. Der Urgroßvater war beim demagogisch meisterhaften Auftritt des Pfarrers Trzeciak in einem Kinosaal dabei und erzählt:

„‚Waren viele Leute da?‘, fragte Anisja. ‚Massen, und es wurden immer mehr. Es hat sehr schön angefangen. Der Pfarrer trat auf die Bühne, ganz mit Orden behängt [...] Dann begann er zu reden. Er bat, daß man während des Laubhüttenfestes den Juden keine toten Katzen und keinen Speck in die Hütten werfen sollte. Er rief zur Ruhe auf. Und dann las er ein Fragment aus dem Buch *Die Protokolle der Weisen von Zion*, und dann rief er wieder zur Ruhe auf, denn die Leute hatten angefangen zu schreien. Sie sprangen von ihren Plätzen auf und fuchtelten mit den Armen‘. ‚Was schrien sie?‘ ‚Na ja. «Wir schnappen die Juden!«, «Jude verrecke!« und noch mehr von der Art. Das gleiche wie immer.‘ ‚Hast du jemanden Bekanntes gesehen?‘ ‚Es waren alles Bekannte. Neben mir saß Benko Lubin. Er wollte wissen, was der Pfarrer sagen würde. Er wollte es mit eigenen Ohren hören. Wir beschlossen zu gehen, als Pfarrer Trzeciak sagte, daß Polen von einer jüdischen Verschwörung zerstört wird.‘“ [50]

Obwohl sich Bolecka in die jüdische Materie erstaunlich gut eingearbeitet und von Martin Buber und Stanisław Vincenz gelernt hat, geht ihr dabei gelegentlich, wenn ich es so salopp ausdrücken darf, der Gaul durch. Sie kreiert neue Mythen, denn woher sie Sachen wie diese nimmt, ist mir ein Rätsel: „Bei uns ist es nicht erlaubt, die Träume zu erzählen“, sagt z. B. Urgroßvaters Freund Benko Lubin. Das Gegenteil ist der Fall – im Judentum gibt es nämlich ganze Bücher über Traumdeutung, was wohl auch Sigmund Freud inspiriert hatte. Oder: „Reb Chajim starb an einem Donnerstag abend, begraben wurde er am Samstag. Man freute sich, denn am Sabbat lastet die Erde nicht so schwer auf den Verstorbenen.“ Das ist nun völlig unmöglich, denn am Sabbat darf man keinen Juden, schon gar nicht einen chassidischen Frommen, beerdigen, ja man darf nicht einmal auf den jüdischen

---

[49] *Der weiße Stein*, S. 76f.
[50] Ebd., S. 186f.

Friedhof gehen, weil auch die Seelen der Toten einen Ruhetag haben. Aber abgesehen von solchen Schnitzern und Übersetzungsproblemchen breitet das Buch ein lebendiges Bild des Lebens in einem Grenzgebiet aus, in dem, hätte es nicht Demagogen und Volksverhetzer aller Sorten gegeben, die den Massen auf der Tastatur der Vorurteile den Takt vorgegeben haben, sich das Zusammenleben der verschiedenen Völker sicherlich friedvoller und zum gegenseitigen Nutzen gestaltet hätte.

Diese Bücher, wenn auch voll von Mythen, zeigen zumindest, daß, abgesehen von den wenigen in Polen noch verbliebenen jüdischen Autoren – wie Hanna Krall, die das Problem der Identität thematisieren – sich einige unter den nichtjüdischen polnischen Schriftsteller und Schriftstellerinnen einer großen Lücke bewußt sind, die sich in ihrer Gesellschaft und Kultur aufgetan hat, und die sie zumindest literarisch zu füllen versuchen.

Doch bei den meisten polnischen Autoren spielen ganz andere Themen eine Rolle und die Lücke, die sie spüren, hängt mit anderen Dingen zusammen. So auch bei Andrzej Stasiuk, Jahrgang 1960. Der Titel seiner *Galizischen Geschichten* erinnert zwar an die noch so zahlreich von Juden bevölkerten *Erzählungen aus Galizien* von Sacher-Masoch, doch in den Dörfern Südostpolens lebt heute kein einziger Jude mehr, und bei Stasiuk kommt keine jüdische Gestalt vor. Stattdessen kommen gelegentlich die nach Schlesien umgesiedelten ehemaligen christlichen Bewohner Galiziens zu Besuch, um, bevor sie sterben, noch einmal die verlassene Kirche zu besuchen, in der sie getauft wurden. Die Kirchenruine soll restauriert werden, von der es bezeichnenderweise heißt:

> „Es war etwas Rührendes an den plumpen polychromen Malereien, die Steingesimse, Säulen und Pfeiler nachbildeten – eine ferne Erinnerung an die Tempel Jerusalems und Konstantinopels, vielleicht die Vorstellung eines neuen Jerusalems.“ [51]

Am Ort gibt noch den verlassenen österreichischen Friedhof, doch einen jüdischen wohl nicht mehr. Stasiuks *Galizische Geschichten* sind ein neues, schmerzliches Dokument jüdischer Abwesenheit in Polen!

---

[51] In Polen 1995 erschienen, wurde es von Renate Schmidgall ins Deutsche übersetzt, Frankfurt a. M. 2000.

„Le Juif imaginaire". Die Suche nach jüdischer Identität in Frankreich nach 1945

„Die Menschen, die für mich die Inspiration des Judentums darstellten, werden eines Tages sterben. Ich konnte nicht zulassen, daß meine Ignoranz diesem Verschwinden Vorschub leistete. Ich sah mich vor eine Aufgabe gestellt, in der für die lyrische Klage des Geächteten kein Raum mehr ist. Hysterisch war ich Jude gewesen, damit man mich ansah. Nun lernte ich, treu zu sein, und erarbeitetete mir eine (unzulängliche) Erinnerung, um über die Menschen, die das Wort Judentum meiner liebevollen Hinwendung bezeichnete, *soviel Wahrheit wie möglich* festzuhalten und weiterzugeben."

(Alain Finkielkraut)[1]

I. Die Frage nach der jüdischen Identität[2]

Unter den französischen Intellektuellen, Juden wie Nichtjuden, wird seit dem Ende des Zweiten Weltkriegs eine Debatte um die „Judenfrage" als Folge von Jean Paul-Sartres Essay „Porträt des Antisemiten" geführt, den er schon im Dezember 1945 in *Les Temps Modernes* veröffentlichte. Sartre war der erste, der sich nach dem Krieg mit dem nationalsozialistischen Mord an den Juden Europas in seinem 1954 erschienenen Buch *Refléxions sur la question juive* philosophisch auseinandersetzte.[3] Ihm folgten im Laufe der Jahre andere, positive oder negative Stimmen, von denen ich einige anführen will, vor allem Alain Finkielkraut, der, als Jude, sich diesem Thema unter dem Aspekt der Identitätssuche widmet. Diese Identitätssuche wird auch literarisch verarbeitet, weshalb im zweiten Teil dieses Kapitels auf mehrere Schriftsteller eingegangen werden soll, deren Werk diese Suche besonders deutlich widerspiegelt.

---

1 Schlußworte des Buches *Der eingebildete Jude*, Übersetzung aus dem Französischen von Hainer Kober, Hanser, München 1982. Vgl. meinen gleichnamigen Aufsatz, in: *Zwischen Adaption und Exil. Jüdische Autoren und Themen in den romanischen Ländern*, hrsg. v. Brigitte Sändig, Wiesbaden 2001, S. 103-122.

2 Über die Schwierigkeit einer verbindlichen Definition der jüdischen Identität, u. a. vgl. Steven M. Cohen, Introduction, in: Steven M. Cohen u. Gabriel Horenczyk, ed., *National Variations in Jewish Identity. Implications for Jewish Education*, Albany 1999, S. 11ff.

3 Sartre hatte sich, wie Jürg Altwegg in seinem Artikel „Sartres ‚Résistance'. Ein unbekanntes Drehbuch des Philosophen aus dem Krieg", in der *Frankfurter Allgemeinen Zeitung* v. 9.10.2000 berichtet, während des Krieges zwar zwiespältig verhalten, dieser – bisher unbekannte – Text über die Juden-Deportationen ist jedoch ein eindeutiges Bekenntnis zum Antinazismus.

Der Titel dieses Kapitels entstammt einem Mißverständnis, denn als ich im Jahre 1982 das Buch von Alain Finkielkraut *Le Juif imaginaire* auf deutsch fand, trug es den Titel *Der eingebildete Jude.* Schon wieder ein jüdischer Selbsthasser? – fragte ich mich, oder einer, der das antisemitische Klischee vom eingebildeten, d. h. einem arroganten und überheblichen Juden, aufgreift, um es zu widerlegen, denn die Judenfeinde pflegen seit Jahrhunderten den Juden vorzuwerfen, sie seien aufgrund ihrer Stellung als „Auserwähltes Volk" eben von sich eingenommen. Es stellte sich aber heraus, daß es sich hierbei glücklicherweise nur um einen Juden in der Einbildung handelte und alles harmloser war als ich zunächst dachte – oder doch nicht ganz?

Hinter diesem nun so harmlos erscheinenden Titel verbirgt sich nämlich etwas Anderes, Komplexeres, das ich in Anlehnung an den ersten Roman eines anderen jüdisch-französischen „Neuen Philosophen", Bernard-Henri Lévy, *Le Diable en tête*[4] eben „Le Juif en tête", eine *idée fixe* so zu sagen, nennen möchte. Besonders augenfällig ist die Beschäftigung mit der eigenen Geschichte und insbesondere der Schoah bei denjenigen unter ihnen, die zu den Nachgeborenen oder der sogenannten zweiten Generation gehören, wie die 1948 geborene Historikerin Annette Wieviorka, die als Holocaust-Forscherin zuletzt 1999 ein Buch *Auschwitz expliqué à ma fille*[5] veröffentlicht hat. Bekannt bei uns ist natürlich auch der Rechtsanwalt Serge Klarsfeld, Sohn eines Deportierten, dessen deutsche nichtjüdische Ehefrau Beate dem ehemaligen Bundeskanzler Kurt Georg Kiesinger eine weltberühmte Ohrfeige verpaßt hatte. Das Ehepaar Klarsfeld hat seinerseits maßgeblich dazu beigetragen, daß Naziverbrecher wie der ehemalige Gestapo-Chef von Lyon, Klaus Barbie, und ihre Kollaborateure vor Gericht kamen. Und die Dokumentationen der Klarsfelds, wie die über die Deportation der jüdischen Kinder aus Izieu (1984/1991), sind Meilensteine in der französischen Historiographie dieses Zeitraums.

Ausgehend von einigen, provokativen und manchmal etwas rigoristisch wirkenden Thesen Finkielkrauts, eines französisch-jüdischen Intellektuellen der Neuen Linken, möchte ich auf die folgenden Schriftsteller eingehen: Romain Gary alias Émile Ajar und Patrick Modiano, aber auch kurz Georges Perec und Sara Kofman streifen, bei denen die

---

4 Paris 1984, prämiert mit dem Prix Médicis. In diesem Roman wird die Geschichte eines französischen Terroristen erzählt, der mit der Tatsache, der Sohn eines hingerichteten französischen Kollaborateurs zu sein, der Juden an die Gestapo auslieferte, nicht fertig wird.

5 Deutsch *Mama, was ist Auschwitz?* Berlin 2000. Auch Daniel Cohen spricht von der ‚incurabilité d'Auschwitz', der Unheilbarkeit des Auschwitz-Syndroms, in: *Lettre à une amie allemande*, Paris, Montréal 2000, S. II.

Auseinandersetzung mit ihrem Judentum in ihrem Dasein und Werk einer Art Obsession gleicht.

Die Beschäftigung mit der eigenen jüdischen Identität, bewußt oder unbewußt, explizit oder zwischen den Zeilen, fällt bei vielen jüdischen Persönlichkeiten nicht nur in Frankreich auf. Die komplexe Frage der jüdischen Identität füllt heute viele Bände, denn sie ist auch nach der Schoah nicht einfacher zu beantworten. Manche der nach Antwort Suchenden haben sich das Leben genommen, weil sie als Überlebende der nationalsozialistischen Greuel mit ihrem Dasein nie mehr ins Reine gekommen sind, um nur einige der bekanntesten zu nennen: Paul Celan, Jean Améry, Arthur Koestler, Peter Szondi, Josef Wulf und vielleicht Primo Levi, gewiß aber Sara Kofman. Auch Romain Gary, den ich nicht als Überlebenden im engeren Sinne, sondern als Zeitgenossen bezeichne, setzte seinem Leben ein Ende.

Frankreich, in dem heute die größte jüdische Gemeinde Europas lebt[6], hatte und hat seit 1789 in der modernen europäisch-jüdischen Geschichte bekanntlich eine eminent wichtige Stellung, denn mit der Französischen Revolution kam der Prozeß der Emanzipation (und der Assimilation) der Juden in Gang und nahm seinen Weg durch Europa.[7] Andererseits wurde der moderne, ideologische Antisemitismus in Frankreich geboren – der Schriftsteller und Diplomat Joseph Arthur Comte de Gobineau (1816-1882) hat die angebliche Überlegenheit der arischen Rasse in seinem vierbändigen Werk *Essai sur l'inégalité des races humaines* (1853-55) proklamiert und hatte großen Einfluß auf entsprechend eingestellte europäische Nachbarn, wie Friedrich Nietzsche, Richard Wagner und dessen Schwiegersohn Houston Stewart Chamberlain (1855-1927). Die Dreyfus-Affäre warf 1894 dunkle Schatten auf diese zunächst so erfolgreiche Geschichte und in den 1930 Jahren blieb der deutsche Nationalsozialismus nicht ohne Einfluß auf das Nachbarland und viele seiner Intellektuellen wie Louis Ferdinand Céline, Pierre Drieu la Rochelle oder Jean Giraudoux, um nur einige wenige zu nennen.[8] Die Kollaboration der Franzosen mit den nationalsozialistischen deutschen Besatzern unter der Vichy-Regierung, welche zur Deportation und Ermordung von ca. 300.000 Juden aus

---

[6] 1971 lebten dort, nach der großen Einwanderung der nordafrikanischen Juden, ca. 650.000, vgl. Leon Yudkin, „Is there a French-Jewish Literature?", in: ders., *Jewish Writing and Identity in the Twentieth Century,* London 1982, S. 96 sowie E. Weber, *Jüdisches Denken in Frankreich*, Frankfurt a. M. 1994.

[7] Daß dieser Prozeß nicht problemlos verlief, zeigt das Buch von Patrick Girard, *La Révolution française et les Juifs*, Paris 1989.

[8] Paula E. Hyman, *The Jews of Modern France*, Berkeley 1998, S. 146f.

Frankreich führte[9], war schließlich ein tristes Fanal dieses zunächst so vielversprechenden Prozesses der Aufklärung. 1945 ist daher auch für das jüdische Frankreich ein weiteres Schlüssel-Datum der europäisch-jüdischen Geschichte und Geistesgeschichte, weshalb ich hier einsetze.

Die Identitätskrise unter den Juden Frankreichs setzte sich am Anfang des 20. Jahrhunderts fort, als seit 1905 und verstärkt nach dem Ende des Ersten Weltkriegs um 1918 jüdische Immigranten aus Ost-Europa als Flüchtlinge vor Krieg und Pogromen ins Land kamen.[10] 1914 zählte man dort nur etwa 44.000 jüdische Immigranten.[11] In Frankreich haben die Juden selbst begonnen, zwischen „Juif" und „Israélite" zu unterscheiden. Vergleichbar der Abneigung der deutschen Juden gegen die „Ostjuden"[12], haben sich die assimilierten französischen „Israeliten" wegen der jiddischsprechenden sogenannten Kaftanjuden, den „Juifs", geniert, und versucht, sich von ihnen abzuheben und ihre Distanz zu diesen – ganz entgegen der jüdischen Tradition der Solidarität untereinander – auch etwa gegenüber den französischen Behörden bekundet:

> „In jakobinischer, gegen jeden Partikularismus oder Regionalismus gerichteter Tradition sollte ‚Israélites' eben Menschen bezeichnen, die in erster Linie Staatsbürger, Franzosen, Republikaner sind und in zweiter Linie eine bestimmte Religion ausüben."[13]

Doch das Vichy-Regime scherte sich wenig um innerjüdische Differenzen und deportierte die „Juifs" wie die „Israélites" gleichermaßen in die Vernichtungslager.

Ein großer Schock der Nachkriegszeit war für die französischen Juden General de Gaulles antiisraelische Politik, die er vor und zur Zeit des Sechs-Tage-Krieges 1967 befolgte. Einen Höhepunkt seiner antiis-

---

9 Paula E. Hyman, ebd., S. 194; Über diese Zeit s. u.a. Adam Rayski, *Le Choix des Juifs sous Vichy entre soumission et résistance,* Paris 1992, mit einer ausführlichen Bibliographie zum Thema.

10 Zum kulturellen Beitrag der osteuropäischen Immigranten, s. Judith Friedlander, *Vilna on the Seine. Jewish Intellectuals in France Since 1968,* New Haven & London 1990 und Jonathan Boyarin, *Polish Jews in Paris. The Etnography of Memory,* Bloomington and Indianapolis 1991.

11 Paula E. Hyman, „National Contexts, Eastern European Immigrants, and Jewish Identity: A Comparative Analysis", in: Steven M. Cohen u. Gabriel Horenczyk, ebd., S. 112.

12 Dazu gibt es viele Studien, auf französisch z. B. Paul Mendes-Flohr, „L'orientalisme fin-de-siècle, les Ostjuden et l'esthétique de la'affirmation juive de soi", in: *Pardès* 5/1987, S. 49-74.

13 *Jüdisches in Paris*, hrsg v. Andreas Nachama, Berlin 1994, S. 16.

raelischen Haltung stellte die Pressekonferenz dar, die der Staatspräsident de Gaulle am 27. November 1967 gab, und bei der er Juden „un peuple d'élite, sur de lui-même et dominateur“ (ein Elitevolk, selbstsicher und herrschsüchtig) genannt hat. *Le Nouvel Observateur* widmete sich daraufhin dem Thema „De Gaulle et les Juifs“[14]. Diese und frühere Ausfälle de Gaulles gegen die Juden veranlaßten Raymond Aron 1968 eine Art Manifest dagegen zu veröffentlichen: *De Gaulle, Israel et les Juifs*[15]. Aron begründet seine eigene Parteinahme für Israel wie folgt:

> „Manchmal empfängt ein französischer oder englischer Jude, der an der eigentlichen jüdischen Kultur nicht mehr teilnimmt, sein Judentum von der Umwelt und dem Antisemitismus. Auf diesen gewissermaßen entjudaisierten Juden beziehen sich Sartres ‚Betrachtungen zur Judenfrage‘. Aber wie assimiliert der Jude auch sein mag oder zu sein meint, so bewahrt er doch ein Gefühl der Verbundenheit mit seinen Vorfahren und mit den jüdischen Gemeinschaften der Diaspora. Ganz besonders in unserer Epoche – nach Hitlers Verfolgungen – kann kein Jude seinem Schicksal entfliehen und jene vergessen, die anderswo an den gleichen Gott Isaaks und Jakobs, den Gott seiner Vorfahren, geglaubt haben oder glauben.“[r]

Zu denjenigen zahlreichen französischen Intellektuellen, die ihre Wurzeln in Osteuropa haben, gehören u. a. Romain Gary (1914-1980), Alain Finkielkraut (geb. 1949), Bernard-Henri Lèvy (geb. 1948) und Emanuel Lévinas (1905/6 -1995), der sich als Philosoph um die Wiederbelebung der jüdischen Identität in einem „christianozentristischen“ Staat wie Frankreich verdient gemacht hat. Seine Hinweise auf die Einmaligkeit der jüdischen Ethik und soziale Gerechtigkeit – etwa in seinem Werk *Difficile Liberté* von 1963 (dt. *Schwierige Freiheit*, 1992) stehen im Widerspruch zu Sartres Position in seinem Buch *Réflexions sur la question juive* von 1954[16]. Lévinas, der 1923 aus Litauen nach Frankreich kam, meinte, daß die Assimilation ein Fiasko war, denn sie habe weder der innerjüdischen Krise noch dem Antisemitismus ein Ende gesetzt und habe nur zu Apathie und einem Auflösungsprozeß innerhalb der jüdischen Gemeinschaft geführt.[17]

---

[14] Nr. 160, 6.-12. Dezember 1967.

[15] Auf deutsch in der Übersetzung von Heinz Abosch, *Zeit des Argwohns. De Gaulle, Israel und die Juden*, Frankfurt a. M. 1968.

[16] Ich zitiere nach der deutschen *Ausgabe Überlegungen zur Judenfrage*, (in neuer Übersetzung von Vincent von Wroblewsky), Reinbek bei Hamburg 1994.

[17] Joyce Block Lazarus, *Strangers and Sojourners. Jewish Identity in Contemporary Francophone Fiction*, New York usw. 1999, S. 7.

Auch Finkielkraut, ein getreuer Schüler von Lévinas, kann seine Verachtung den „Israeliten“ gegenüber nicht verhehlen[18], doch als ein Nachgeborener hat er ein spätes Wissen, über welches diese noch nicht verfügen konnten.

> „Die französischen Juden schämen sich heute nicht mehr ihres Namens. Sie sagen ihn laut, statt ihn leise vor sich hinzumurmeln wie einst, als sie die Zugehörigkeit zu ihrer Gruppe, kaum eingestanden, entschuldigen oder verniedlichen mußten. Sie sind wieder Juden und keine Israeliten mehr, denn sie genesen allmählich von ihrer krankhaften Zwangsvorstellung, Mißfallen zu erregen [...] Vorbei ist jene Zeit der doppelten Sackgasse. Lange genug haben die französischen Juden ihr Wesen versteckt, heute lernen sie die Freuden der wiederentdeckten Andersartigkeit kennen.“[19]

Die Frage der jüdischen Identität ist in Frankreich spätestens seit Erscheinen Paul Sartres oben erwähnten *Réflexions sur la question juive* bis heute an der Tagesordnung – bis Derrida und Lyotard, die in einer längeren Reihe von linksintellektuellen (jüdischen und nichtjüdischen) Franzosen zu sehen sind, die sich seit der Dreyfusaffäre mit den Juden solidarisierten[20], denn sie meinen wohl mit Albert Memmi: „Les Juifs sont si intégrés dans la vie des peuples, que ce qui leur arrive est un test de l'état des peuples“.[21]

Aber es gab auch Anderes. 1965 veröffentlichte z. B. Roger Peyrefitte seinen Roman *Les Juifs*[22], gegen den die Familie Rothschild wegen der darin enthaltenen sie betreffenden Stellen gerichtlich vorgegangen ist. Peyrefittes Buch ist etwas abstrus, wie seine einführenden Zeilen zeigen, die ich hier nur auszugsweise zitiere:

> „Am 1. Januar 1963, dem Fest der Beschneidung unseres Herrn und Heilands, dachte General de Gaulle wohl kaum an seine Ahnen, die Juden Kolb, Bundeskanzler Adenauer an seine Ahnen, die Juden Adenauer [...]; der König von Schweden an seinen Ahnherrn, den Halbjuden Bernadotte [...], Erzherzog Otto von Habsburg an seine Ahnherrin, die Jüdin Henri-

---

[18] Bei Sartre stehen beide Begriffe – *Juif* und *Israélite* – als Synonyme nebeneinander.

[19] Finkielkraut, *Der eingebildete Jude*, S. 93.

[20] Hier verweise ich auf die Studie von Jonathan Judaken von der University of Memphis: *Bearing Witness to the Differend: Jean-Francois Lyotard, The Postmodern Intellectual and the Jews*. Für Lyotard ist Auschwitz Symbol des Versagens der Aufklärung und Aufforderung zu einem radikal neuen Denken, das er postmodern nennt, wie in seinem Buch *Heidegger und „die Juden“* von 1988 (Deutsche Ausgabe hrsg. v. Peter Engelmann, Wien 1988).

[21] Izio Rosenman, „Du religieux au laique“, in: *Panoramiques*, Courbevoie 1992, S. 15.

[22] *Die Juden*, Übersetzt von B. Weitbrecht, Karlsruhe 1996, S. 7.

quez, Mutter Ferdinands II. des Katholischen [...], Königin Elizabeth an ihre Ahnen mütterlicherseits, die Juden Bowes-Lyon [...], ebensowenig wie sich im Weißen Haus Präsident Kennedy seiner Vorfahren, der Juden Kennedy [...] erinnerte [...]. Auch Fidel Castro in Havanna dachte wahrscheinlich nicht an seine Vorfahren, die Juden Castro, oder General Franco in Madrid an seine Vorfahren, die Juden Franco [...]“, usw.[23]

Im gleichen Jahr veröffentlichte Georges Friedmann sein *Fin du peuple Juif?*[24]. Es entstand während seiner Aufenthalte in Israel in den Jahren 1963/64. Friedmann, ein nach eigenem Bekunden vollkommen assimilierter französischer Jude, der nie Antisemitismus zu spüren bekam, und dem in den 1930er Jahren seine ihm völlig fremden Glaubensbrüder in Polen während seiner Reisen dorthin äußerst exotisch vorka-men, berichtet:

> „Im Oktober 1940 bekam ich den ersten Schock, als ich die erschütternde Bedeutung entdeckte, welche für mich die Tatsache haben könnte, als Jude etikettiert zu sein. Ich habe das Dokument aufbewahrt. Unter dem Briefkopf des Sekretariats für die Öffentliche Erziehung von Vichy teilte man mir mit, daß ich ab sofort besonderen Gesetzen unterlag [...] Ich dürfte meinen Beruf als Lehrer nicht länger ausüben. Bis dahin war ich einer jener gewesen, welche diejenigen, die dem Judentum treu sind, nur als ‚Rand-'beziehungsweise ‚periphere' Juden kennen [...].“[25]

Sein grausames Schicksal verdankte Friedmann, der bis dahin so stolz verkündende „civis gallicum sum“, nach eigenem Bekunden auf keinen Fall „Frankreich“, nein, nur Hitler, dem Okkupanten. Bei diesem hundertprozentigen Franzosen spielte bis dahin die Kollaboration der Franzosen mit den deutschen Besatzern, welche ebenso wie der lang anhaltende Résistance-Mythos inzwischen in Frankreich selbst und im Ausland ja weidlich diskutiert und in Frage gestellt wird, offensichtlich keine Rolle. Aber er hat während des Aufenthalts in Israel seine auch nach dem Krieg noch distanzierte Haltung zum Judentum geändert und sich, da Agnostiker, zwar nicht der Religion, so doch der

---

23 Roger Peyrefitte, ebd., S. 5., vgl. andererseits das stark apologetisch ausgerichtete Buch: Therry Maulnier & Gilbert Prouteau, *L'Honneur d'être Juif*, Paris 1971: „Pablo Picasso est de mère juive, comme Marcel Proust, Modigliani, Chagall,... Brancusi, Lipschitz sont juifs – ...comme Albéniz et Kafka, comme Hindemith ou Darius Milhaud...comme Bergson et comme...Husserl...comme Stefan Zweig ou Thoman Mann (sic!)...comme Gogol...et comme Einstein..., juifs comme Paul Eluard...comme André Maurois, Tristan Bernard ou Joseph Kessel... “ (S. 12).

24 Paris, 1965, deutsch 1968: *Das Ende des jüdischen Volkes?*

25 Ebd., S. 7.

jüdischen Geschichte genähert und hat sich unter dem Eindruck der Errungenschaften des jüdischen Volkes im eigenen Staat auf der einen und der jüdischen Leiden wegen auf der anderen Seite mit den Juden solidarisiert, ja teilweise identifiziert. Diese beiden Seiten des Judentums, die er lange nicht zur Kenntnis genommen hatte, hatten bei ihm dieses bewirkt, hatten ihm seine eigene Nähe zum Judentum vor Augen geführt, und so schrieb er sein Buch, um eine „Schuld", wie er es nennt, zu begleichen.[26]

1975, also zehn Jahre später, erschien ein skandalumwittertes Buch von Pierre Goldman, *Souvenirs obscurs d'un Juif polonais né en France*[27]. 1979 wurde der 1944 geborene Schriftsteller, Mitarbeiter der von Sartre gegründeten Tageszeitung *Libération* und dessen Literaturzeitschrift *Les Temps Modernes*, auf offener Straße erschossen. Zu dem Mord bekannte sich eine Gruppe mit dem Namen „Ehre für die Polizei". Goldmans Eltern waren Mitglieder der Résistance, er selbst Mitglied der kommunistischen Studentenunion an der Sorbonne. Er floh als Deserteur vor dem Militärdienst nach Havanna, von dort aus ging er als Guerrillero nach Venezuela, wo er 14 Monate verbrachte. Zurück in Frankreich, beging er drei Raubüberfälle. Als ihn die Polizei verhaftete, wurde ihm – und das war ein Justizskandal, der an den Dreyfusprozeß erinnerte – auch ein ungeklärter Mord an zwei Apothekerinnen in die Schuhe geschoben, wofür er zu lebenslanger Haft verurteilt wurde. Im Gefängnis schrieb er das Buch, woraufhin die französische Linke eine Wiederaufnahme des Prozesses erzwang. In diesem Prozeß wurde er von dem Mordvorwurf freigesprochen und wegen der Raubüberfälle zu einer kürzeren Gefängnisstrafe verurteilt. Nach seiner Freilassung auf Bewährung vollzog die schon genannte Gruppe dann das Todesurteil auf ihre Art. In der von ihm in seinem Buch zitierten Anklageschrift werden Goldmans Eltern als „couple d'Israélites résistants" (ein israelitisches Résistance-Paar) bezeichnet, zu denen er 1963 die Beziehungen abgebrochen hätte.[28] Er vermerkt in seinem Buch, anders als Friedmann, daß sein Prozeß keineswegs frei von antisemitischen Ressentiments war:

„Rassistisch war dieser Prozeß allemal. (Anm.: Nach der Urteilsverkündung erhielt eine der Personen, die eine Solidaritätserklärung zu meinen

---

[26] Georges Friedmann, ebd., S. 14.

[27] Auf deutsch (längst vergriffen) *Dunkle Erinnerungen eines in Frankreich geborenen polnischen Juden*, aus dem Französischen von Uli Aumüller und R. Kubisch, Berlin 1980.

[28] Ebd., S. 11. Goldman wuchs nach der Trennung seiner Eltern bei seinem Vater und dessen zweiter Frau auf, da seine Mutter nach Polen zurückgekehrt war.

Gunsten unterschrieben hatten, einen Brief, der antisemitische Äußerungen enthielt. Sein Autor gab an, er wäre einer der Jury Geschworenen, die für meine Verurteilung gestimmt hatten, und wünschte – aus verständlichen Gründen – anonym zu bleiben.) Um dies zu beweisen, müßte es eigentlich genügen, wenn ich mich auf die Eindrücke und Empfindungen meines Vaters, seiner Freunde, der Juden und Schwarzen berufe, die den Prozeß miterlebten.“ [29]

Einige Wochen vor seiner Ermordung gab Goldman ein Interview in *Le Monde*, in dem er sich mit seiner Identität als Jude auseinandersetzte[30]:

> „Jüdisch zu sein, bedeutet vielleicht nicht mehr als aus einer Familie zu stammen, die durch jüdische Bräuche, jüdische Kultur beeinflußt war. Mein Leben ist – auf der Ebene des Bewußtseins – nicht durch jüdische Kultur ausgefüllt. Es gibt da keine jüdische Musik oder jüdische Bücher oder jüdische Religion. In mir gibt es viele Dinge, die nichts mit dem Jüdischsein zu tun haben. Dennoch sind sie ein Teil meiner Jüdischkeit. Jüdisch zu sein, ist nicht was ich habe, sondern meine Bestimmung. Noch einmal das. Es ist eine Fläche, die ich existentiell mit diesem und jenem ausfülle. Meine Bücher sind nicht jüdisch, doch in jedem von ihnen ist die Vergangenheit eines Juden. Jüdisch zu sein, ist die Vergangenheit zu vermitteln. Und warum ist das so wichtig? Wegen des Antisemitismus. Wegen des Hasses. Die einzige Antwort auf die Frage, was es bedeutet ein Jude zu sein, ist Auschwitz. Der Holocaust hat die jüdische Identität auf Jahrhunderte hinaus erneuert.“

Goldmans Tod deutet in die Richtung, welche Bernard-Henri Lévy in seinem Buch *L'idéologie française* 1981 als „le fascisme aux couleurs de la France“ beschrieb und hellsichtig die französische Anfälligkeit für Totalitarismus (im Geburtsland der modernen europäischen Demokratie) diagnostizierte, die sich später in der Bewegung der ‚Neuen Rechten' bestätigte und die heute, in der Allianz mit den militanten Islamisten, zu einer spürbaren Gefahr für die Juden Frankreichs geworden ist. Hierin begegnete er dem „Veteranen der ersten Intellektuellengeneration“[31], André Glucksmann (Jahrgang 1937).

---

[29] Pierre Goldman, ebd., S. 268.

[30] Ich zitiere n. der englischen Version v. Judith Friedlander, Ebd., S. 36.

[31] Joseph Hanimann, „Revanche am System. Wie das gute Gewissen: André Glucksmann wird sechzig“, in: *Frankfurter Allgemeine Zeitung* 19.6.1997. Glucksmann, ehemaliger Assistent von Raymond Aron, gehört gleichfalls zu den „Neuen Philosophen" und ist auch in Deutschland seit seinem Buch *Die Meisterdenker* von 1977 wohl bekannt. Auch ihm schwante bei dem häufig fanatisch auftretenden deutschen Grün-Pazifismus nichts Gutes.

Und wie sah der Nichtjude Sartre die Dinge? Die Quintessenz von Sartres wohlmeinender Studie ist ihre eindeutige Verdammung des die ganze Gesellschaft durchdringenden Antisemitismus. Irritierend ist jedoch Sartres Versuch, die Lösung der „Judenfrage" – etwa unter dem Blickpunkt des Klassenkampfes – zu proklamieren sowie „den Juden" zu definieren und seine Definition auch dem jüdischen Leser aufoktroyieren zu wollen. In Sartres klassenloser Idealgesellschaft, in der die Juden völlig assimiliert wären, gäbe es keinen Antisemitismus. Sartre schrieb:

> „Wodurch bewahrt die jüdische Gemeinschaft einen Schein von Einheit? Um auf diese Frage zu antworten, müssen wir auf den Gedanken der *Situation* zurückkommen. Weder ihre Vergangenheit noch ihre Religion, noch ihr Boden vereinen die Söhne Israels. Wenn sie ein gemeinsames Band haben, wenn sie alle den Namen Jude verdienen, so weil sie eine gemeinsame Situation als Juden haben, das heißt in einer Gesellschaft leben, die sie für Juden hält. Mit einem Wort, der Jude ist durch die modernen Nationen völlig assimilierbar, aber er wird als derjenige definiert, den die Nationen nicht assimilieren wollen. Auf ihm lastet von Anbeginn, daß er der Mörder Christi ist [...] So ist es auch nicht übertrieben zu sagen, daß die Christen den Juden *erschaffen* haben, indem sie seine Assimilation jäh unterbrachen und ihm eine Funktion aufzwangen, in der er sich seitdem hervorgetan hat [...] Der Jude ist ein Mensch, den die anderen Menschen für einen Juden halten: das ist die einfache Wahrheit, von der man ausgehen muß. In diesem Sinne hat der Demokrat dem Antisemiten gegenüber recht: Der Antisemit *macht* den Juden."[32]

Was ist aber, wenn sich Juden als Juden fühlen, damit bestimmte, positive Werte verbinden, sich nicht assimilieren und durch Andere definiert werden wollen? Gegen Sartres Thesen wandte sich daher unter anderen sehr vehement der israelische Schriftsteller Abraham B. Jehoschua, der vielleicht den typischen Unterschied zwischen dem Identitätsempfinden eines Israeli und eines Diaspora-Juden verkörpert in seinem o. a. Zitat, in dem er sich gegen die „pseudo-Sartreschen Theorien" wendet: „Jude ist, wer sich als Jude versteht [...]".[33]

---

32 Sartre, ebd., S. 43f.

33 S. oben S. 58 in meinem Kapitel „‚Judenmauschel.' Der antisemitische Sprachgebrauch und die jüdische Identität". *Exil der Juden. Eine neurotische Lösung? Essays*, Sankt Ingbert 1986, S. 126. Jehoschua ist allerdings ein Israeli, der mit seiner jüdischen Identität anders umgeht als ein Diaspora-Jude. In der (schlechten) Übersetzung stehen Begriffe wie „Heiden" und „heidnisch", die obsolet und unkorrekt sind, weshalb ich sie durch ‚Nichtjuden' und ‚nicht jüdisch' ersetzt habe.

Auch Albert Memmi rückte bereits in seinem Buch von 1962 *Portrait d'un Juif* etwas von Sartre ab und setzte den Akzent auf die positiven Elemente der jüdischen Identität, welche seiner Ansicht nach auf dem gemeinsamen Willen zum Überleben, der Solidarität als Gemeinschaft, den stark ausgeprägten Familienwerten sowie einem reichen kulturellen und ethischen Erbe beruhten. Memmi, ein tunesischer Jude, der offenbar mit noch mehr Widrigkeiten als ein aschkenasischer Jude zu kämpfen hat, verwendet den Begriff „la judéité", Jüdischkeit, um die jüdische Identität zu beschreiben. Das, was er als eine Art „condition juive" konstatiert, ist jedoch vor allem Leid und Ausgrenzung und stört den von ihm zuvor postulierten positiven Aspekt der jüdischen Identität.[34]

Ganz anders Finkielkraut, der Sartres Einfluß auf ihn mit einem Schuß Ironie beschreibt:

> „Mein Judentum lieferte mir weder eine Religion noch eine Lebensregel, sondern die Gewißheit, sensibler als die anderen zu sein. Wie liebte ich damals Sartre, mit welch genüßlicher Freude bemächtigte ich mich des Vokabulars, mit dem er meine Erfahrung versorgte! [...] Klipp und klar sagte er mir, daß ich ein *authentischer* Jude sei, da ich meine Situation *annahm*, und daß es mutig, wenn nicht gar heroisch sei, sich so deutlich und nachdrücklich zu einem geschmähten Volk zu bekennen. Die von Sartre gewählten Begriffe versetzten mich buchstäblich in einen Rausch. Dort fand ich mein Leben in einem erhabenen Stil beschrieben [...] Sartre verschaffte mir die Möglichkeit, mich verdienstvoll zu fühlen, er sagte mir vor, was ich zum eigenen Lob und Preis vorzubringen hatte. Ohne mein Zutun kam ich so in den Besitz einer außerordentlichen Geschichte, und obendrein hatte ich noch das Recht, mir diesen Umstand als große Tat anzurechnen! [...]"[35]

Doch auch Alain Finkielkrauts Schlußfolgerung, daß nämlich der „Antisemitismus aus seinem Haß auf Israel neue Kraft und eine neue Unschuld" ziehe, ist derjenigen von Sartre entgegengesetzt.[36] Als Fazit von Finkielkrauts Abrechnung mit sich selbst und mit seiner Generation „der Linken von Achtundsechzig" stehen Zeilen, die das Dilemma der Nachgeborenen (er ist Jahrgang 1949) und ihrer Eltern, von Opfern und Überlebenden, sehr treffend beschreiben und die oben erwähnte Obsession, dieses „Le Juif en tête", ausdrücken:

---

[34] Joyce Block Lazarus, Ebd., S. 4f.
[35] Finkielkraut, *Der eingebildete Jude*, S. 18.
[36] Finkielkraut, ebd., S. 8.

„„Der ewige Jude', das bin ich. ‚Der kahlgeschorene Häftling auf dem Weg in die Gaskammer, der Geschundene und ins Ghetto gepferchte, der kleine Warschauer Junge, der den deutschen Maschinenpistolen entgegentritt [...] das alles bin ich. Ich, der in den Folterkammern der Inquisition gequälte, ich der blutüberströmte Rabbiner nach einem Pogrom, ich, der auf die Teufelsinsel verbannte Hauptmann Dreyfus...' Dies ist der Roman, in dem ich aufwuchs. Dies das Bild meines Selbst und meiner jüdischen Identität, das ich jahrelang vor mir hertrug [...] Es war ein langer Ablösungsprozeß, aber schließlich mußte ich der Person, mit der ich mich verwechselte, ade sagen. Ich habe mich von meinem Doppelgänger getrennt – nicht um nicht mehr Jude zu sein, sondern damit diese Identität mich nicht mehr zum Nutznießer des Leidens oder zum verbrieften Inhaber der absoluten Gerechtigkeit macht."[37]

Es stellt sich aber die Frage, ob diese Identifikation mit der durch Leiden geprägten jüdischen Geschichte, die Finkielkraut an sich und vielen seiner nachgeborenen Zeitgenossen diagnostiziert und selbstironisch analysierend ad absurdum führt, ob sie tatsächlich so groteske Züge trägt, wie er ihr verleihen möchte. Der Erhalt der jüdischen Identität ist schwierig, meint Finkielkraut, und wählt für sich schließlich den Status eines säkularen, assimilierten Juden in der Diaspora, dem sein Judentum dennoch etwas bedeutet. Seine Schlußfolgerung ist demgemäß zukunftsweisend und hat dazu geführt, daß er sich publizistisch weiterhin mit dem Judentum und dem nationalsozialistischen Judenmord beschäftigt, so in seinem Buch über den Barbie-Prozeß von 1989 *La mémoire vaine. Du crime contre l'humanité* [38], das Primo Levi gewidmet ist, oder in den Essays des Bandes *L'humanité perdue* von 1996.[39] Seine Haltung hatte sich geändert, denn 1980 schrieb er schon:

„Der Völkermord hat keine Erben. Niemand, der nicht zu den Überlebenden gehört, kann sich mit dieser nicht vermittelbaren Erfahrung brüsten. Kein Angehöriger unserer Generation darf von sich behaupten: Ich bin ein Kind von Auschwitz. Als eingebildeter Jude verstand ich die Treue gegenüber meiner Herkunft lange als Aneignung [...] Wenn Judesein tatsächlich eine Forderung bedeutet, dürfen wir sie nicht als Forderung nach Identifikation, sondern müssen sie als Forderung nach Gedächtnis- und Erinnerungsarbeit begreifen."[40]

---

[37] Finkielkraut, ebd., v.a. S. 36.

[38] Alain Finkielkraut, *La réprobation d'Israel*, Paris 1983 und *La mémoire vaine: Du crime contre l'humanité*, (deutsch: *Die vergebliche Erinnerung*) Paris 1989.

[39] Das Buch hat den Untertitel *Essai sur le XXe siècle*.

[40] Alain Finkielkraut, ebd., S. 37. S. auch Leon Yudkins Aufsatz, (hebr.) *Ha-im Tsarfat mehava ‚Bayit' le-sofer ha-yehudi?* (Bedeutet Frankreich für den jüdischen

Gedächtnis und Erinnerungsarbeit sind traditionellerweise Bestandteile der jüdischen Identität. Es ist aber nicht notwendigerweise ein individuelles Gedenken oder die Erinnerung an selbst erlebtes Leid. Nein, es handelt sich hier offensichtlich um ein kollektives, alle Juden verbindendes Gedenken und um eine in der jüdischen Religion und im jüdischen Ritual gepflegte Tradition der Weitergabe an künftige Generationen. Daher und auf diese Weise kann sich der nach dem Krieg geborene junge Mann Finkielkraut mit dem Leid seiner Eltern identifizieren, ohne dieses Leid selbst erlebt zu haben. Und es ist nicht, wie er selbstkritisch irrtümlich annimmt, eine Selbstinszenierung, um etwa „interessanter" zu erscheinen. Nein dieses Phänomen erleben wir bei vielen anderen – Philosophen, Historikern und insbesondere eben auch auch bei den oben genannten Schriftstellern Romain Gary und Patrick Modiano. Womit ich nun zum zweiten Teil meiner Ausführungen, dem literarischen, übergehe.

II. Romain Garys Dybbuk

Mit einer Kugel in den Kopf setzte 1980 der erfolgreiche Romancier Romain Gary im Alter von 66 Jahren seinem Leben ein Ende. Er war ein Musterbeispiel für eine zunächst erfolgreiche Assimilation des osteuropäischen jüdischen Immigranten in Frankreich, zugleich auch Musterbeispiel des Scheiterns dieser Assimilation. Seine versuchte Flucht aus der eigenen Identität in eine fremde, angenommene, ist ihm nie ganz gelungen und am Ende kehrt er zu seinen Wurzeln zurück.

1914 wurde Roman Kacew (jiddisch Schlächter) als Sohn einer jüdischen Schauspielerin in Moskau geboren: Die Wirren des Ersten Weltkriegs erlebte er als Kleinkind im damals polnischen Wilna und in Warschau. 1927 kam er als armer Flüchtling mit seiner Mutter, die von seinem Vater offenbar kurz nach der Geburt des Sohnes verlassen worden war, nach Nizza, wo sie in einer russisch-sprachigen Umgebung lebten. Damals kamen viele Russen, die vor dem sowjetischen Kommunismus flohen, nach Frankreich. Mit ihnen, den Russisch-Orthodoxen, hatten die beiden als Juden wenig gemeinsam, wiewohl sie auch mit ihren jüdischen Glaubensbrüdern als Nichtpraktizierende kaum Kontakte pflegten. Es war ein Paria-Dasein, Exil im Exil, wie Dominique Bona in ihrer Gary-Biographie schreibt.[41]

Schriftsteller ein ‚Zuhause'?) im Band des 12. Wissenschaftlichen Hebräischen Kongresses in Europa, Strassbourg 1996, S. 118-128.

[41] Dominique Bona, *Romain Gary*, Paris 1987.

Seine Mutter war von dem Trieb besessen, sich in die französische Gesellschaft zu integrieren, die osteuropäische Herkunft vergessen zu machen, zumal sie den kleinen Roman seit der frühesten Kindheit in einem Frankreich-Kult erzogen und ihm schon in Polen Französisch beigebracht hatte. Diese Mutter hatte auch nur einen einzigen Wunsch, daß ihr Sohn ein berühmter *Franzose* werde. Ihre eigene Schauspielerkarriere war beendet, und so verdiente sie fortan ihren Unterhalt als Modistin und ambulante Verkäuferin von Schmuck. Sie nahm jegliches Opfer auf sich, um die Zukunft ihres Sohnes in dem besagten Sinne zu sichern. Eine „jiddische Mame", fanatisch in ihrer Liebe zu dem einzigen Sohn, der ihren Drang nach oben durchaus teilte. Er wird schnell Klassenbester und meint seinem Ziel, ein berühmter Schriftsteller zu werden, näher zu kommen, wiewohl dabei der unfranzösische Name Roman Kacew störte.

In seinem autobiographischen Roman *La Promesse de l'Aube* von 1960[42], in dem er seiner Mutter ein Denkmal setzte[43], erzählt er wie sie ihm, dem ihrer Meinung nach absoluten Wunderkind, immer wieder ‚voraussagte': „Du wirst d'Annunzio! Du wirst Victor Hugo, Nobelpreis!", „Lord Byron! Puschkin!" oder „Du wirst Nijinsky!" und „Alle Frauen werden Dir zu Füssen liegen". Später kamen noch mehr Wünsche hinzu: „Mein Sohn wird französischer Botschafter, Träger des Ordens Légion d'honneur, großer dramatischer Autor, Ibsen!... Er wird sich in London kleiden!"... Diese ihre Träumereien schrie sie allen Menschen ins Gesicht, die, wie sie meinte, an der künftigen Größe ihres Sohnes zweifelten. Sie erntete dafür oft Spott und Gelächter, worunter ihr Sohn litt und wofür er sich schämte. Doch sie war unbeirrbar, und nach und nach veränderte sich die Identität des Sohnes doch, und der Ruhm kam immer näher: aus Roman wurde Romain (wie der berühmte Schriftsteller Romain Rolland) und aus Kacew zunächst Gary de Kacew und schließlich Gary (amerikanisch klingend, doch dem russischen Wort „brenne!" nachempfunden), während des Zweiten Weltkriegs hochdekorierter Kämpfer der France Libre, ein berühmter Schriftsteller der zwei Mal mit dem Prix Goncourt ausge-

---

42 Paris 1960. Deutsch unter dem Titel *Erste Liebe – letzte Liebe*, 1965. Dieses Buch wurde durch Jules Dassin mit Melina Mercouri und Assaf Dayan in den Hauptrollen verfilmt. Seiner polnischen Übersetzung von 1964 setzte er ein Vorwort auf polnisch voran, wobei er sicherlich nicht wußte, daß diese Version von einigen Textpassagen ‚bereinigt wurde', wie eine, wo es um den polnischen Antisemitismus geht (Kapitel 35).

43 Auch Albert Cohen hatte 1954 ein solches Denkmal seiner Mutter gewidmet, *Le Livre de ma Mère*. Ihr Verhältnis scheint ähnlich obsessiv gewesen zu sein wie das von Gary und seiner Mutter.

zeichnet wurde, französischer Konsul und Ehemann einer berühmten Schauspielerin, der Amerikanerin Jean Seberg. Davor lagen Jahre des harten Kampfes um Anerkennung, der Suche eines sich für illegitim haltenden Kindes nach einem berühmten Vater, den er sich in der Person des bekannten russischen Stummfilm-Schauspielers Yvan Mosjukine erträumt hatte. Die patriotische Hingabe an Frankreich ging bei ihm mit der Verehrung der Vaterfigur General de Gaulles einher, der ihm 1944 die militärische Medaille „Croix de la Libération" und 1945 die von seiner Mutter vorhergesehene höchste Auszeichnung, die „Légion d'Honneur" verlieh. Nur war seine Mutter bereits tot. Todkrank, hatte sie ihm vorverfaßte Briefe schicken lassen, damit er, in den Kämpfen gefährdet, es nicht erführe. Das war der letzte Beweis ihrer unendlichen Mutterliebe, die ihn über den Tod hinaus wie einen Talisman zu beschützen suchte.

1945 erschien auch sein erstes Buch, *Education Europeénne*. Darin erzählt er die Geschichte des polnischen Widerstandes im Winter 1942-43, den Kampf der polnischen Partisanen, darunter auch Juden, gegen die deutschen Okkupanten in den litauischen Wäldern. Er dachte sich in diese Menschen hinein, die er nur vom Hörensagen kennen konnte. Seine Obsession mit der Schoah beginnt schleichend, und damit kehrt er in die heimatliche Gegend zurück, ohne sie natürlich unter diesen Umständen kennengelernt zu haben. Das Buch *Education Européenne* erhielt den Grand Prix des Critiques. Erstaunlich ist vor allem, daß er nun seine Herkunft heraufbeschwört, die er so lange zu begraben versuchte. Zu dieser Vergangenheit kehrte er auch in seinem letzten Buch, *Le Cerfs-Volants* von 1980 (dt. *Gedächtnis mit Flügeln*, 1989) zurück. Dazwischen setzt er sich literarisch noch intensiver mit der von ihm selbst ja nicht erlebten Schoah auseinander. Sein Roman *La danse de Gengis Cohn*[44] von 1967 wurde in viele Sprachen übersetzt und verfilmt. Gary selbst hat dieses Buch ins Englische übersetzt, wobei er es gegenüber dem französischen Original noch verbessert hatte, so daß ich jedem diese Version als Lektüre empfehlen möchte.

Der Dybbuk, ein böser Geist, der sich der Seele seines Opfers bemächtigt (französisch heißt besessen sein, obsédé, also eine Obsession haben – wir erinnern uns an den bereits erwähnten „Juif en tête"), ist hier der von den Nazis im KZ ermordete jüdische Komiker Gengis Cohn, von dem der ehemalige SS-Mann Hans Helmut Schatz, Cohns Mörder, jetzt Polizeichef der deutschen Stadt Licht, besessen wird. Die Rache des Toten ist schrecklich und komisch zugleich, der Identi-

---

[44] In schlechter deutscher Übersetzung von Herbert Schlüter *Der Tanz des Dschingis Cohn*, 1970.

tätenwechsel ist bewußt verwirrend, denn Schatz identifiziert sich nolens volens zunehmend mit dem von ihm einst ermordeten Juden (so muß er z. B. am Gedenktag des Warschauer Aufstands das jüdische Trauergebet singen; er spricht jiddisch, und um sich selbst verstehen zu können, muß er ein Wörterbuch kaufen..., er kocht seinem Dybbuk zu Hanukka koschere, traditionelle jüdische Speisen etc.). Es ist die klassische jüdische Dybbuk-Geschichte, die in einer Farce-Form mit so viel Chutzpe erzählt wird, daß sie, zwar zu Tränen rührend, doch komisch und frech wirkt, bloß um keine Trauer-Tränen zuzulassen.

Gary war es aber nicht genug, von jüdischen Identitäten anderer Leute zu erzählen. Der Schalk beschloß, sein Publikum und seinen Verleger hinters Licht zu führen. Der wiederum in viele Sprachen übersetzte und mit Simone Signoret in der Hauptrolle verfilmte Roman *La vie devant soi*[45] (er bekam 1978 den Oscar) erschien 1975 unter dem Pseudonym Émile Ajar. Zuvor hatte er schon den Roman *Gros Calin* unter diesem Namen publiziert. Eine Art Schelmen- und Bildungsroman zugleich, brachte er dem Autor seinen zweiten Prix Goncourt (den ersten bekam er 1956 für seine *Les Racines du ciel*), was aber die getäuschte Öffentlichkeit nicht wußte. Kunstvoll versteckte sich Gary hinter seinem tatsächlichen Verwandten mit Namen Paul Pawlowitsch, der, angeblich öffentlichkeitsscheu, unter diesem Pseudonym eben mehrere beachtete Bücher veröffentlichte. *In La vie devant soi* beschreibt der arabische Waisenjunge Momo, der neben einigen anderen Hurenkindern, darunter einem jüdischen Jungen, bei einer alten Überlebenden der Schoah, der ehemaligen Prostituierten Madame Rosa aufwächst, und die Welt um ihn herum aus seiner Sicht und in einer ungewöhnlichen Sprache.

Sein Geheimnis lüftete der schelmische Gary kurz vor seinem Tode. Am 21. März 1979 schrieb er *Vie et mort d'Émile Ajar*. In diesem Text erzählte er die Geschichte der Täuschung, bewies aufgrund der Handschriften der drei Bücher (das dritte war *L'Angoisse du roi Salomon*) seine Autorschaft. Er beschloß diese „Beichte" mit folgenden Worten, die wie ein Abschied anmuteten und es in der Tat wohl waren[46]:

„Und die Echos, die mich von den Festessen in der Welt erreichten, wo man diesen armen Romain Gary bedauerte, der etwas traurig sein und sich etwas eifersüchtig fühlen dürfte angesichts des meteorenhaften Aufstiegs

[45] In deutscher Übersetzung von Eugen Helmlé, *Du hast das Leben noch vor dir*, 1979.

[46] S. 43, dt. Übersetzung von mir.

> seines Kusins Emile Ajar auf dem literarischen Firmament, während er selbst in dem Werk *Au-delà de cette limite votre ticket n'est plus valable* (Ab hier ist Ihre Fahrkarte ungültig) seinen Niedergang verkündet hat... Ich habe mich köstlich amüsiert. Auf Wiedersehen und Danke. Romain Gary“

Offenbar war er darüber verbittert gewesen, daß man ihn nicht enttarnt hatte, denn er verweist in dieser „Beichte“ auf die bewußten Parallelen zwischen den Büchern unter Pseudonym und jenen, die er unter seinem eigenen Namen veröffentlichte, etwa *La danse de Gengis Cohn* und *La vie devant* soi u.a., die man, ‚seiner Ansicht nach, bei einer aufmerksamen Lektüre seiner Werke hätte sofort feststellen können, ja müssen’. Als seine – inzwischen Ex-Frau – Jean Seberg nach mehreren Selbstmordversuchen tot aufgefunden wurde, scheint ihn, der immer schon mit leichten psychischen Problemen zu kämpfen hatte, der Gedanke an den gleichen Weg nicht mehr losgelassen zu haben. Den Dybbuk kann man nur loswerden, indem man stirbt. Das tat er, und nur so wurde er von seiner Obsession geheilt. Sein Held, der Dybbuk Moische – alias Gengis – Cohn, stellte sich dem Leser bereits zu Beginn der Geschichte vor, wobei ich die englische Version zitiere[47], weil diese Worte im französischen Original (und somit auch in der deutschen Übersetzung des Romans) fehlen:

> „I feel at home here... Of course, there‘s been some wear and tear, through ignorance, familiarity and loss of memory – time has a way of cleansing a place better than rats and you can't expect the German sky to wear the yellow Star of David for ever. Temporarily darkened by the Jewish smoke, the blue beast of eternity rubs a little wind over its mug and everything is beautiful again..."

Bei meinem nächsten Autor Patrick Modiano steckt dieser gelbe Davidsstern dennoch weiterhin, zwar nicht am Himmel, doch an vielen unerwarteten Orten.

---

[47] *The Dance of Genghis Cohn*, New York 1969, S. 9.

III. Topographie der Erinnerung – Patrick Modiano und die anderen

> „J'avais la *manie* der regarder en arrière, toujours ce sentiment de quelque chose de perdu, pas comme le paradis, mais de perdu, oui./ Comme tous les gens qui n'ont ni terroir ni racines, je suis obsédé par ma préhistoire. Et ma préhistoire, c'est la période troublé et honteuse de l'Occupation."
>
> (Patrick Modiano)

Patrick Modiano, 1945 (zuweilen wird 1947 angegeben) geboren, ist ein weiterer von der Schoah besessener Autor.[48] Obwohl er nach dem jüdischen Religionsgesetz kein Jude ist, weil nicht seine Mutter, Luisa Colpeyn, eine belgische Schauspielerin, sondern nur sein Vater Albert (1912-1978) Jude war, und er selbst wie auch sein früh verstorbener jüngerer Bruder Rudy getauft wurden, identifiziert sich Modiano in einem erheblichen Masse mit den jüdischen Opfern der Schoah, und seine Bücher sind eine Topographie der Erinnerung an diese. Modiano bewegt sich als Autor zwischen Autobiographie und Autofiktion.[49] Er sagt: „Ich schreibe, um zu wissen, wer ich bin, um eine Identität zu finden".[50] Er ist heute eine der besten und originellsten Stimmen unter Frankreichs Schriftstellern, weshalb er mit zahlreichen Preisen bedacht wurde, einschließlich des Prix Goncourt im Jahre 1978 für *Rue des Boutiques Obscures* (Die Gasse der dunklen Läden). Die vorläufige Liste der Preise ist lang, dennoch möchte ich sie anführen, weil sie auf den Stellenwert seiner Thematik innerhalb der französischen Literatur hinweisen: Prix Fénéon, Prix Roger Nimier, Prix de la Plume de Diamant, Grand Prix du roman de l'Académie Française, Prix des Libraires, Prix Pierre de Monaco, Prix relais H du roman d'évasion, Chevalier des Arts et des Lettres.[51]

In seinem Buch *Dora Bruder*[52] verfolgt er wie das Ehepaar Klarsfeld minutiös die Spuren eines aus Drancy nach Auschwitz deportier-

---

[48] Ein solcher Besessener ist auch Raymond Federman, der zwar 1928 in Paris geboren wurde, jedoch seit 1947 in den USA lebt und inzwischen als einer der führenden Vertreter der modernen amerikanischen Literatur gilt, weshalb ich ihn nicht mehr zu den französischen Autoren im engeren Sinne zähle. Er entging als einziger seiner jüdischen Familie der Schoah.

[49] Thierry Laurent betitelt sein Buch *L'oeuvre de Patrick Modiano: Une Autofiction*, Lyon 1997. Laurents Monographie ist psychoanalytisch angelegt und befaßt sich eingehend mit der Frage der Identitätssuche bei Modiano.

[50] Zit. n. Alan Morris, *Patrick Modiano*, Oxford, Washington DC 1996, S. 7.

[51] Ebd., S. 1.

[52] 1997, Deutsch: München 1998.

ten jüdischen Mädchens, Dora Bruder mit Namen, auf die er im Jahre 1988 durch eine Suchanzeige ihrer Eltern in einer Zeitung von 1941 gestoßen war. Auf den Spuren Doras und ihrer Familie durchquert er Paris, wie auf den Spuren der Helden Cosette und Jean Valjean aus Victor Hugos *Les misérables*. Das Schicksal von Dora und ihrer Familie verbindet er mit dem seiner eigenen Eltern:

> „Vielleicht wollte ich, daß sie einander begegnet wären, mein Vater und sie, im Winter 1942. So verschieden die beiden auch waren, man hatte sie in jenem Winter in dieselbe Kategorie der Geächteten eingeordnet [...]. Für meinen Vater, um vierzehn Jahre älter als Dora, war der Weg klar vorgezeichnet: Da man einen Gesetzeslosen aus ihm gemacht hatte, würde er, unter dem Zwang der Verhältnisse, auf dieser schiefen Bahn bleiben, sich in Paris durchschlagen und in den Sümpfen des Schwarzmarktes untertauchen [...] Zwanzig Jahre später spielte meine Mutter in einem Stück am Théatre Michel. Ich wartete häufig auf sie im Café an der Ecke Rue de Mathurins und Rue Greffulhe. Ich wußte noch nicht, daß mein Vater in dieser Gegend sein Leben aufs Spiel gesetzt hatte und ich in ein Viertel zurückkehrte, das ein schwarzes Loch gewesen war.“[53]

Schon Patrick Modianos erster Roman *La Place de L'Étoile* von 1968[54] entmythologisierte – allerdings auf ironische Weise – die französischen Lieblingsmythen, insbesondere jenen von de Gaulle, nämlich der gegen Deutschland in der Résistance vereinigten „grande nation“. Mit diesem Roman, der zur Zeit der Studentenrevolte erschien, begann in Frankreich die Auseinandersetzung mit der eigenen Geschichte und die Revision der Sicht über die sogenannte „Judenfrage“[55]. Modiano ist, wie Gary, auch ein Schalk, allerdings einer, der das Komische in einem bestimmten, Rabelaisartigen Sinne anwendet, welches Jean-Claude Joye „au-delà du rire“ nennt.[56] Der Titel des Romans *La Place de L'Étoile* ist ein Wortspiel – einerseits natürlich bezugnehmend auf den bekannten zentralen Platz in Paris und andererseits auf den gelben, sog. „Judenstern“, den die Nationalsozialisten, im Rückgriff auf das finstere Mittelalter – zur Kenntlichmachung ihrer Opfer angeordnet hatten. Als Motto des Romans steht folgende Anekdote:

> „Im Monat Juni des Jahres 1942 nähert sich ein deutscher Offizier einem jungen Mann und sagt zu ihm: ‚Verzeihen Sie, wo befindet sich der Platz

---

53 Patrick Modiano, ebd., S. 63ff.

54 Paris, 1968.

55 Joyce Block Lazarus, ebd., S. 91.

56 in: *Littérature immédiate*, Bern, Frankfurt a. M., New York, Paris 1990, S. 100.

des Sterns?' Der junge Mann zeigt auf seine linke Brustseite. (Eine jüdische Geschichte)."

Die Topographie von Paris ist für Modiano eine Topographie der Erinnerung an das Überleben seiner Eltern in der Illegalität und hat somit eine Schlüsselrolle in der französisch-jüdischen Geschichte, die er zu seiner persönlichen Geschichte macht. Der Held des Romans ist ein Schlemiel mit Namen Raphael Schlemilovitch. Dieser Schelm ist anders als die anderen, er wird angefeindet, u. a., weil er als Jude nicht in der französischen Armee dienen will, weil diese ja Dreyfus degradiert hatte, was er nicht akzeptieren kann. Bei ihm kommt der „jüdische Selbsthaß" zur Sprache, weil seine Vorfahren nicht zu den großen französischen Familien zählen, mit denen er während der Okkupation verkehrt, und weil er der Herkunft nach kein „Israélite", sondern Ostjude ist, also wechselt er bald die Fronten:

„Seit meiner Kindheit träumte ich von Großvätern dieser Art. Meiner, ein obskurer Jude aus Odessa, konnte nicht Französisch. Während ich Léon Daudet unterhaltsam fand, langweilte mich der Colonel de la Rocque. Horace de Carbussia et Béraud haben mich einige Male eingeladen, um über die jüdisch-englische Verschwörung zu reden. Maurois beneidete mich um meine Freunde, die Faschisten. Ich gab ihm das Rezept: Geben Sie endgültig Ihre exquisite Schamhaftigkeit eines sich als schändlich empfindenden Juden auf. Nehmen Sie Ihren richtigen Namen wieder an. Werden Sie wie ich, Raphael Schlemilovitch, ein antisemitischer Jude [...] Ich meide Céline und Drieu la Rochelle. Sie sind mir zu verjudet. Ich werde bald unentbehrlich – ich bin der einzige Jude, der gute Jude der Kollaboration [...] Mein Ziel: Eine jüdische Waffen SS zu schaffen und eine Legion von jüdischen Freiwilligen gegen den Bolschewismus [...] Jeder Antisemit hat seinen ‚guten Juden' [...]."[57]

Orte, Situationen, Erzählerstimmen, alles variiert, überrascht, eine Art Kleidoskop der inkohärenten französisch-jüdischen Identität, eine Art umgekehrter Gengis Cohn.[58] Dazu gehört auch die Tragödie, denn Raphaels Freundin Tania Arcisewska, die wegen der eintätowierten Nummer am Arm den Erinnerungen an Auschwitz nicht entkommen kann und an Verfolgungswahn leidet, begeht Selbstmord, indem sie sich die Venen durchschneidet (S. 145).

Allerdings gehört zu der Ambivalenz der Figur auch die ablehnende Haltung gegenüber dem Staat Israel: Raphael steht dem Zionismus

---

[57] *Place de L'Étoile,* S. 36ff.
[58] J. B. Lazarus, ebd., S. 93.

feindlich gegenüber und empfindet Israel als faschistischen Staat, der das kulturelle Erbe der europäischen Juden angeblich verwirft. Modianos Szene einer öffentlichen Verbrennung der Werke von Proust, Kafka, Soutine und Modigliani in Tel-Aviv soll diese These untermauern. Die Tat wurde vollbracht, heißt es dort: „durch unsere Jugend, den Jungen und Mädchen, die in nichts der Hitlerjugend nachstehen: blond, blauäugig, breitschultrig, mit sicherem Gang, gerne in Aktion und beim Prügeln."[59]

Die ambivalente Haltung geht bei Modiano mit der selbstquälerischen Frage einher, die er sich immer wieder stellt: „Bin ich ein Verräter?" Obsessiv grübelt er darüber, wie er sich in den 1940er Jahren verhalten hätte. Mehrere seiner Helden sind Verräter – wie Schlemilovitch, doppelte Agenten, Schurken u. ä. Auch dieses Empfinden von subjektiver Schuld ist bei vielen der Nachgeborenen des Zweiten Weltkriegs wie bei den Überlebenden häufig anzutreffen. Außerdem empfindet Modiano ein Gefühl des Fremdseins in der französischen Gesellschaft, denn seine Kindheit war eine andere:

> „Ich bin kein Kind dieser Gegend. Ich kannte keine Großmütter, die dir Marmelade kochen, keine Familienporträts und keinen Katechismus. Dennoch höre ich nie auf, von Provinzkindheiten zu träumen."[60]

Modiano ist auf der Suche nach seinen eigenen jüdischen Wurzeln, die für ihn seit seiner einsamen Kindheit im Dunklen liegen, da der Vater in der Familie wegen undurchsichtiger Geschäfte und die Mutter wegen ihrer Schauspielerkarriere häufig abwesend waren. An diese aber klammert er sich. Er, der sich als entwurzelt und entfremdet betrachtet, empfindet jedoch, daß das jüdische Erbe weitergetragen werden muß. 1977 erschien sein Buch *Livret de famille* (Teil 3 der *Pariser Trilogie* unter dem Titel *Familienstammbuch*), in dem er autobiographische Details, wie Dokumente, mit imaginierten Begebenheiten kombiniert, wiederum auf der Spurensuche quer durch Frankreich: „...vielleicht wußte er, was mein Vater und meine Mutter im Februar 1944 in Megève gemacht und wie sie ihre seltsame Hochzeit gefeiert hatten" (S. 221). Modiano hat versucht, seine eigene Kindheit mit seinem Bruder Rudy, der auf tragische Weise früh gestorben war (und dem er viele seiner Bücher widmete), als die glückliche Zeit seines Lebens festzuhalten, denn er hatte damals noch keine Erinnerung an das Grauen, das er nicht erlebt hatte. Das Gedächtnis, meint er, ist notwendig, doch die

---

59 *Place de L'Étoile*, S. 190.
60 Ebd., S. 17.

zwanghafte Erinnerung kann qualvoll sein. Das Buch endet mit den Sätzen:

> „Ich hatte meine kleine Tochter auf den Arm genommen; sie schlief mit dem Kopf an meiner Schulter. Nichts konnte ihren Schlummer stören. Noch brauchte sie sich nicht zu erinnern. (S. 363)“[61]

Hier klingt das Schicksal der französischen Philosophin Sara Kofman nach, deren Vater, ein Rabbiner, aus Drancy deportiert, in Auschwitz starb. Sara Kofman, geboren 1934, war Tochter von osteuropäischen Einwanderern. Sie überlebte den Krieg als Kind bei einer nichtjüdischen Frau, bei der sie sich vom Judentum und ihrer eigenen Familie – entfremdete. Sara mochte diese Frau mehr als ihre eigene Mutter, zu der sie nach dem Krieg zurückgekehrt war, und sie empfand ihr eigenes Verhalten sowohl gegenüber der Frau als auch gegenüber ihrer Mutter im Nachhinein als Verrat.

Ihr Werk *Paroles suffoqués*[62], ist zunächst ihrem Vater, aber auch Robert Antelme, einem Überlebenden des Konzentrationslagers, sowie ihrem Mentor, dem Denker Maurice Blanchot, einem bekehrten früheren Antisemiten, gewidmet. Darin schreibt sie:

> „Seit Auschwitz sterben alle Menschen, Juden (und), Nichtjuden, auf andere Weise: sterben nicht wirklich, überleben den Tod, denn was stattfand – dort –, ohne eine Stätte zu haben, der Tod in Auschwitz, war schlimmer als der Tod [...] Weil er Jude war, starb mein Vater in Auschwitz: Wie könnte ich nicht darüber sprechen? Und wie kann ich darüber sprechen?“[63]

Hier wie in ihrem letzten Werk, *Rue Ordener. Rue Labat*[64], einem autobiographischen Fragment, beschäftigt sich Sara Kofman beinah obsessiv mit der Frage des „Lebens nach dem Überleben“. Sie war beladen mit Schuldgefühlen, überlebt zu haben, während ihr Vater umkommen mußte, und studierte Philosophie, weil diese eine abstrakte Disziplin sei. Doch auch die Philosophie konnte sie nicht retten. Nach einer Psychoanalyse, in der sie ihre frühe Kindheit als die glücklichste Zeit ihres Lebens wiederentdeckte, war sie zwar fähig, ihre Autobiographie zu schreiben, aber die wiedergekehrte Erinnerung trieb sie ein halbes Jahr nach deren Erscheinen in den Selbstmord. Die Qual man-

---

61 Aus dem Französischen von Walter Schürenberg, Frankfurt a. M., Berlin, Wien 1981.

62 Paris 1987; deutsch: *Erstickte Worte*, Wien 1988.

63 Ebda., S. 27.

64 Paris 1994; deutsch, Tübingen 1995.

cher wiedergefundener Erinnerungen kann manchmal tödlich sein. Auch Modiano beschrieb die Angst, die ihn befiel, wenn er die eigenen Spuren nach einer langen Amnesie wieder fand.[65]

Zum Schluß möchte ich nur noch kurz einen letzten Autor nennen, der sich nahtlos in diese Reihe einfügt, nämlich Georges Perec. Perec, 1936 als Sohn von polnisch-jüdischen Einwanderern geboren, starb 1982 im Alter von 45 Jahren an Krebs, doch sein unfertiges Leben spiegelt sich in seinen scheinbar lustigen jedoch unfertig, unvollständig erscheinenden, sehr originellen Werken, Sprachspielen, Puzzles. Auch er schrieb 1975 eine Autobiographie *W ou le Souvenir d'enfance*. Darin beschrieb er, neben einer fiktiven Olympiade, seine Kindheit als Sohn eines 1940 an einer Kriegsverletzung verstorbenen Vaters und einer nach Auschwitz deportierten Mutter. Das Waisenkind wuchs bei seiner Tante auf. Sein Biograph C. Bugelin schrieb: „Die Geschichte von Perec, dem Schriftsteller, beginnt nach der Vernichtung, nach den Aschen von Auschwitz. Sie wird sich nach und nach um diese Leere aufbauen".[66]
Die Leere, der Verlust, ist nicht aufzufüllen, doch, um seine eigene Identität zu finden, muß die vergessene Erinnerung, das Verschüttete, auch fragmentarisch und unvollständig an die Oberfläche gebracht werden. Jeder hat eine eigene Geschichte, die er braucht, um, trotz der erlittenen Verluste, weiterleben zu können. Die heute nach ihrer Identität suchenden Juden in Frankreich scheinen alle darum zu ringen, mit mehr oder weniger Erfolg.

„Alles ist Geschichte geworden" konstatiert der nichtjüdische Historiker und Lektor des Gallimard-Verlags, Pierre Nora, in dem Garys wie Modianos Bücher erschienen. Noras Anliegen war, die Franzosen an ihre eigene Geschichte, auch die weniger glorreiche, heranzuführen, weshalb er diese Autoren in seinem Verlag beheimatete. Doch inzwischen empfindet auch er, wie manche andere in Frankreich oder hierzulande mit ihren „Auschwitzkeulen", daß man von den inszenierten Gedächtnisfeiern, *commémoration*, erschlagen werde. Doch, „Wer heute Gedächtnis sagt, sagt Schoah", meint Nora dennoch, und dieser „Kult des Gedächtnisses", wie er es nennt, hat mit der Wiederkehr der Erinnerung an die lange verdrängte Geschichte der Vichy-Zeit und des Holocausts in Frankreich zu tun.[67]
Zusammenfassend darf man feststellen:

---

[65] Vgl. Thierry Laurent, *L'oeuvre de Patrick Modiano*, S. 75.
[66] *Georges Perec*, Paris 1988, S. 7.
[67] Ulrich Raulff, „Der Augenblick danach. Wofür engagieren wir uns? – Ein Besuch bei Pierre Nora", in: *Frankfurter Allgemeine Zeitung*, 8.7.1998.

Die Positionen der sich als jüdisch empfindenden Autoren und jener hier zitierten nichtjüdischen Stimmen scheinen deutlich verschieden zu sein. Es ist offenbar so, daß die Juden in Frankreich, die nach ihrer Identität suchen, die Geschichte, und in diesem Fall insbesondere die Schoah, als *historia magistra vitae* betrachten, die Geschichte als den Lehrmeister des Lebens sehen, die bei ihrer Suche nach der jüdischen Identität nach wie vor präsent und schmerzlich ist, zumal sich der französische Antisemitismus seit einigen Jahren wieder stärker regt. Das wurde nicht zuletzt durch die Klage des Präsidenten Francois Mitterand bewiesen, der noch kurz vor seinem Tod von einer „jüdischen Lobby" gesprochen hat.[68] Diese Geschichte kann wohl also doch noch nicht ad acta gelegt werden.

---

[68] Vgl. Meir Waintrater, „„juif français'. The Subtleties of French Anti-Semitism", in: *Moment. America's Premier Independent Jewish Magazine*, June 2003, S. 66.

The Jewish Mother – die jüdische Mutter in der US-amerikanischen Literatur nach 1945

Im Judentum ist die Mutter die Hüterin des häuslichen Bereiches, die unermüdlich und aufopfernd für das Wohl ihrer Familie sorgt. Neben der jüdischen Genreliteratur trägt insbesondere das jüdische Liedgut – vor allem in jiddischer Sprache – zur Idealisierung der Mutterfigur bei. Sammlungen von Wiegenliedern verherrlichen die Mutterliebe. Weltweit bekannt ist das Schtetel-Lied „Mayn yidishe mame", das eine Mutter besingt, die für ihre Kinder durch Feuer und Wasser geht und den letzten Tropfen ihres Blutes für sie gibt. Eine solche Mutter zu haben, ist „das schönste Gottesgeschenk", das höchste Glück; sie zu verlieren, ist hingegen das größe Unglück, wie es in diesem Volkslied heißt. Generationen jüdischer Kinder sind mit solchen Liedern großgeworden, bis es in den USA auf einmal zu einer Gegenreaktion kam: Jüdische Schriftsteller haben begonnen, dieses Idealwesen, die jüdische Mutter, zu kritisieren und zu karikieren.

Vorab möchte ich eine Vorbemerkung zum Begriff „Literatur" machen.[1] Ich verwende ihn im weiteren Sinne des Wortes. Die Texte, die im folgenden angeführt werden, gehören verschiedenen Gattungen an, wobei die Grenzen zwischen der sog. Trivialliteratur und der ‚hohen' Literatur, gelegentlich fließend und eine Definitionssache sein können. So betrachte ich etwa – anders als die Mehrheit der akademischen Leser – Philip Roths *Portnoy's Complaint*, hier das Paradeschiff zum Thema, keineswegs als einen Klassiker der hohen amerikanischen Nachkriegsliteratur, sondern eher als einen, wenn auch klassisch gewordenen, Trivialtext mit stark pornographischen Einlagen. Das nur zur Klärung, denn es fallen unter die Kategorie „trivial" auch noch andere hier herangezogene Texte – so etwa Howard Fasts Roman *Max*. In die Sparte Trivialliteratur fügt sich gleichfalls eine Sub-Gattung ein, die ich als „Jewish kitsch" bezeichne, nämlich Bücher, wie Marjorie Edelsons *Malkeh and Her Children* (1992) oder Gloria Goldreichs *Leah's Journey* (1978), *Leah's Children* (1985) und *Mothers* (1989) usw., eine in den USA vielgelesene Populär-Literatur über das Leben im Schtetel und den Aufbruch nach Amerika, bei deren Lektüre zumeist Tränen fließen. Aber auch diese Bücher haben dazu

[1] Vgl. meinen Aufsatz „*The Jewish Mother* in der amerikanischen Literatur nach 1945", in: *Jüdische Literatur und Kultur in Großbritannien und den USA nach 1945*, hrsg. v. Beate Neumeier, Wiesbaden 1998, S. 141-158.

beigetragen, das Bild der zum *terminus technicus* gewordenen „jüdischen Mutter“, the *Jewish mother*, zu verbreiten, sei es idealisiert oder verteufelt.

David Tabatsky, der amerikanisch-jüdische Mann des deutschen Stars Ute Lemper, hatte das Thema einer interkonfessionellen Ehe zwischen einer Deutschen und einem Juden für seine Comedy-Shows ausgewählt. Das Thema muß also besonders dafür geeignet und abendfüllend sein. „Help! I married a German“ lautete der Titel einer seiner Shows, während er später auf dem Programm „How I Survived My Jewish Mother“ hatte, das sich auf ein in den USA 1996 erschienenes Buch mit dem Titel *How to Survive A Jewish Mother* beziehen dürfte.[2] In beiden Shows scheint er jedoch auf die unerschöpfliche Quelle der Komik dieser Figur gesetzt zu haben. Die Telefongespräche (ein lebenlanges MUSS zwischen einem jüdischen Kind und seiner Mutter) sind aufschlußreich: „Wie heißt deine Frau? Inge, Schwinge, Helga, Schmelga – das ist doch alles dasselbe...“

Die jiddische Mame scheint auch der Grund dafür zu sein, daß so viele jüdische Männer eine schauspielerische Begabung mit komischem Touch haben. So erzählt Henny Youngman in seiner Einleitung zu dem gerade genannten Buch, wie man es überlebt, eine jiddische Mame zu haben, und wie man Komiker wird:

> „I remember standing in front of the pulpit at B'nai Israel synagogue giving my Bar Mitzvah speech in Yiddish. I figured if I spoke very quickly, nobody would notice that I didn't understand a word I was saying. After the ceremony, I was congratulated by several of my parent's friends for the stirring speech. They thought I was reciting my mother's recipe for gefilte fish. Momma was so proud of me. That's a wonderful thing about Jewish mothers. No matter how much of a fool their child makes of himself, she thinks he's a star. So, I decided to become a comedian. With an audience like that, how could I miss.”[3]

In der amerikanischen Nachkriegsliteratur gibt es in der Tat eine ganze Reihe von Werken, in denen die jüdische Mutter – auf jiddisch die „jiddische Mame“ –, als eine komische Figur auftritt, daneben aber gibt es auch andere, freundlichere Darstellungen, und wir wollen heute einen Blick auf die verschiedenen, durchaus frappierenden Aspekte dieses merkwürdigen Wesens werfen, das „jüdische Mutter“ heißt.

---

2 R. Steven Arnold, *A Guilt-Written Guide How To Survive a Jewish Mother*, Introduction by Henny Youngman, Newbury Park 1996.

3 Ebd., S. 2f.

Bei Tabatsky muß man jedoch den ernsten Hintergrund bedenken, wonach die interkonfessionelle Ehe, besonders eines jüdischen Mannes mit einer nichtjüdischen Frau für traditionelle Eltern (also auch für den jüdischen Vater) eine Tragödie ist, denn wer Jude ist, definiert die jüdische Religion (Halacha) nach der Mutter: Also ist ein Kind einer nicht-jüdischen Mutter kein Jude. Und nach dem millionenfachen Mord an Juden, darunter an Millionen jüdischer Kinder durch Deutsche, ist ein solcher – leichtfertiger Verlust – auch nur eines einzigen jüdischen Kindes traumatisch. Von diesem Hintergrund aus wird die folgende Szene aus dem berühmt-berüchtigten Roman *Portnoy's Complaint* von Philip Roth (geb. 1933 in Newark, New Jersey) eher als Tragikomödie, denn als reine Komödie gelesen:

> „You know the joke, of course – Milty, the G.I., telephones from Japan.– ‚Momma', he says, ‚it's Milton, I have good news! I found a wonderful Japanese girl and we were married today. As soon as I get my discharge I want to bring her home, Momma, for you to meet each other.'
> ‚So', says the mother, ‚bring her, of course'. ‚Oh, wonderful, Momma', says Milty, ‚wonderful – only I was wondering, in your little appartment, where will me and Ming Toy sleep?' ‚Where?', says the mother. ‚Why, in the bed? Where else should you sleep with your bride?' ‚But then where will *you* sleep, if we sleep in the bed? Momma, are you sure there's room?' ‚Milty darling, please', says the mother,‚everything is fine, don't you worry, there'll be all the room you want; as soon as I hang up, I'm killing myself.'"[4]

Philip Roths *Portnoy's Complaint* erschien 1967 und wird seither als das Manifest der Revolte jüdisch-amerikanischer Söhne gegen die „bourgeois Jewishness"[5] und ihre jüdischen Mütter betrachtet, welche bereits seit dem Erscheinen von Dan Greenburgs (geb. ca. 1937) Anleitung *How To Be a Jewish Mother. A Very Lovely Training Manual* im Jahre 1964 zu einem berüchtigten Typus wurden. Es ist eine Revolte der spätpubertären „Jingls", denen nichts mehr heilig ist, am wenigsten ihre Mame. Davor waren sie allesamt ‚nice Jewish boys' und Lieblingsschwiegersöhne in spe gewesen. Das war nun vorbei. Dieser Revolte schlossen sich bald auch jüdisch-amerikanische Töchter an. Ihr Sprachrohr wurde Erika Jong (geb. 1942 in Manhattan), eine ge-

---

4 Philip Roth, *Portnoy's Complaint*, New York 1969, S. 134.

5 Bryan Cheyette, „Philip Roth and Clive Sinclair: Representations of an ‚Imaginary Homeland' in Postwar British and American Literature", in: *Forked Tongues? Comparing Twentieth Century British and American Literature*, ed. Ann Massa and Alistair Stead, London 1994, S.360.

wesene „Jewish American Princess", Lieblingsschwiegertochter der Mames, die im Jahre 1968 bereits einige einschlägige Geschichten veröffentlichte, und sie 1973 in ihr Buch *Fear of Flying* eingefügt hatte. Ähnlich wie Philip Roths *Portnoy's Complaint* sorgte auch dieses Buch für Furore, weil das, was man inzwischen von den männlichen Autoren gewohnt war, nämlich Pornographie als Bestseller-Antwort auf jüdische Mütter, nun auch aus „emanzipierter" weiblicher Feder kam – ganz im Sinne des Slogans: „Make Love not War!" Und damit niemand übersieht, daß Erica Jong ein Pendant zu Philip Roth geschrieben hat, ist ihr Buch auch äußerlich dem anderen angeglichen und mit einem ähnlich gelbfarben Umschlag versehen worden. Damit sollte die Götterdämmerung der jüdischen Mütter einsetzen, begleitet von dem Schlachtruf: „Jiddische Mame unter die Guillotine!" Zum Glück sind aber die Bücher schwächer, die jüdischen Mütter dagegen stärker...

Als 1977 nunmehr Nancy Fridays Bestseller *My Mother My Self. The Daughter's Search for Identity*, gewidmet ihrer Mutter, erschien, der den Müttern (nichtjüdischen wie jüdischen) wieder eine „Überlebens"-Chance bot, war auch die Institution „Jüdische Mutter" gerettet. Dort stehen zur Verteidigung der Mütter u. a. solche Sätze:

> „One of the major resistances in analytic work,", says child psychiatrist Aaron Esman, ‚Is the notion' ‚It was all my mother's fault'. Patients don't want to see their own responsibility, so they blame mother. In our post-Freudian world, it is very fashionable."[6]

Derartige Erkenntnisse haben der fast schon vernichtend geschlagenen jüdischen Mutter geholfen, wieder hochzukommen und ihre Schlüsselfunktion in der Familie zu übernehmen.

Die jüdische Mutter müßte der Tradition gemäß eigentlich der gute Geist der Familie sein und stabilisierend wirken. Sie sollte dem Kind die gefühlsbetonte Zuneigung schenken, während der Vater für die religiöse Sozialisierung des (männlichen) Kindes und für die materielle Sicherung des weiblichen Kindes zu sorgen hat. Man muß beide Eltern ehren, so lautet das biblische Gebot, Mutter und Vater (Exodus 21,12; Leviticus 19,3) und die Mutterliebe wird zum Mythos. Dann kamen aber die Rebellen, Beatniks und Hippies, die sowohl gegen den Vietnamkrieg als auch gegen alles, was nach Establishment roch, kämpften, und wandten sich von ihrer Bibel und von der jüdischen Tradition ab, und nicht zuletzt entmythologisierten sie die Mutterliebe.

---

6 New York 1978, S. 83.

Philip Roth provoziert bewußt, lehnt sich wohl an Greenburgs Anleitung und produziert ein mäßig amüsantes Werk. Sein konservativer Kritiker Norman Podhoretz, der Herausgeber des *Commentary*, der sich bereits anläßlich des Erscheinens von *Letting Go*, Roths erstem breitangelegten Roman, beschwert hatte, daß Roth seine Figuren unbarmherzig im Dreck und Schmutz vegetieren läßt und dem Leser nichts erspart, bescheinigt ihm anhand von *Goodbye, Columbus* immerhin ein „geborener Satiriker“[7] zu sein. Später, in *Portnoy's Beschwerden* regrediert Roth jedoch komplett in die anale Phase und scheint sich dabei sehr wohl zu fühlen, aber ob der Leser, welcher der Pubertät entwachsen ist, sich ebenso fühlt, ist fraglich. Leslie A. Fiedler wirft Roth und anderen jüdischen Autoren daher, „[...] special Jewish vulgarity“ vor.[8]

Roths Held Alexander Portnoy ist ein Neurotiker, wie er im Lehrbuch der Psychoanalyse steht, der er sich gerade unterzieht. Wie er seinem Therapeuten darlegt, haben alle seinen Leiden ihren Grund in seiner jüdischen Mutter: vor allem seine sexuellen Obsessionen. Vulgärfreudianisch bekämpft er seinen Ödipuskomplex. Aber er hat sich schließlich doch noch an seiner Mutter gerächt, denn er ist unverheiratet, und daß obwohl er schon dreiunddreißig Jahre auf dem Buckel hat! Das ist eine große Strafe für die prototypische jüdische Mutter, deren Lebensziel offenbar darin besteht, Enkelkinder zu bekommen.

In den karikierenden oder kritischen Darstellungen der jüdischen Mutter aus der bürgerlichen Mittelschicht, auch in der Studie von Friday, die den Vater lediglich *en passant* anführt, wird ein facettenreicher Merkmalkatalog von überaus stereotypen Negativeigenschaften vermittelt:

1. Die jüdische Mutter bevorzugt den Sohn und vernachlässigt die Tochter – der Sohn sei stets ein Genie, die Tochter hingegen nur Mittelmaß. Wieso? Bei Nancy Friday hängt es mit der natürlichen Rollenteilung zwischen den Geschlechtern zusammen: Eine Frau liebkose natürlich ein männliches Wesen, während sie mit einem anderen weiblichen Wesen in einem Rivalitätsverhältnis stehe. Man kann darüber streiten, aber Erica Jong schließt sich dieser These an, da sie ihre eigene Mutter als nicht fürsorglich und liebevoll genug empfand.

2. Die jüdische Mutter sei stets aufopferungsvoll und eine so gute Köchin, daß man ihr Essen nicht ablehnen kann, auch wenn man satt

---

7 Norman Podhoretz, *Getan und vertan. Amerikanische Literatur in der Zeit des Kalten Krieges. 14 Essays*, Reinbek bei Hamburg 1968, S. 131f.

8 Leslie A. Fielder, *Waiting for the End. The American Literary Scene From Hemingway to Baldwin*, Harmondsworth 1967, S. 92.

ist. – Das Essen spielt nämlich in der Tat eine besondere Rolle in einem jüdischen Haushalt, denn die stopfende Mutter weist unweigerlich auf den Hunger, der früher in der „alten Welt", sprich Europa, geherrscht hat, weshalb man nun, als amerikanischer Bürger, für den Nahrungsüberfluß dankbar sein muß und so viel essen, wie man kann. Damit beginne die Mast-Tortur jüdischer Kinder. Bei Greenburg klingt es so:

„‚Eddie, I can tell you are ready for a third helping of chicken.'
‚Believe me, Sylvia, if I took one more piece of chicken I would sprout feathers.'
(Addressed to the spectators:) ‚Eddie doesn't like the way I cook chicken.'
‚I'm crazy about the way you cook chicken, Sylvia. I simply cannot eat another particle without bursting.'
‚You see, I happen to know that chicken is Eddie's favourite dish. I prepared it specially for him – but do you think he cares?'
‚Eddie, tell me. You like chicken?' ‚Yes'.
‚You like my chicken?' ‚Yes yes'.
‚You are too full to eat anymore?' ‚Yes yes yes'.
‚All right. This I can understand. A man says to me ›I am too full‹, this I can understand. It's not like you are asking me to throw it out, after all. All right. (Pause). So I'll wrap it up in wax paper and you'll take it for later'."[9]

Herbert Gold (geb. 1924 in Lakewood, Ohio) erzählt daher in seinen Erinnerungen *My Last Two Thousand Years* (1972) eine typische Begebenheit aus seiner Jugendzeit, die wiederum so klingt, als käme sie aus Greenburgs Anleitungsbuch:

„My father came to America from Russia and lived in a basement on the Lower East Side. I came to Amerika from Lakewood to live in a basement on the Lower East Side. I washed dishes, cleaned rooms, waited on tables, and tried to learn a little Yiddish. In 1942 there was still an immigrant society in those streets, men who looked and smelled like my father...
A firm hand was required to call me to order.
‚Okay, smartie, now you're home, time to go to college', my mother said. ‚The best school in the country, a great law school, a great medical school, it's right here in Cleveland, it's Western Reserve University. Everybody says it's the best, Murray's going, Stanley's going. You can have your own room at home.'
‚I'm going to Columbia in New York'.
‚What, you crazy? Pay all the money to live in New York?' "

---

[9] Los Angeles 1972, S. 28f.

Da er behauptet, ein Stipendium zu haben, gibt die „eiserne Hand“ der Mutter nach:

> „And so I headed east toward Columbia. My mother gave me a basket of chicken and tomatoes and a jar of prunes to take on the Greyhound. She feared anti-Semitism and constipation on the new Pennsylvania Turnpike... I hid the basket of food under the seat so I could eat greasy sandwiches and grainy milk shakes like everyone else...”[10]

3. Die jüdische Mutter sei „overpossessive“, überbesorgt und überfürsorglich. (S. oben: Telefonpflicht). Sie läßt auch dem Kind Alex Portnoy keine Privatsphäre, auch nicht auf der Toilette, denn darin könnten die tödlichen Gefahren verborgen sein. Die Mütter bei Friday schauen dazu noch inquisitorisch unter die Decke, wenn Kinder im Bett liegen.

4. Die jüdische Mutter sei taktlos. Sie prahle bei Fremden mit eigenen Kindern an, bei den eigenen Kindern dagegen mit Fremden, wobei sie oft jeglichen Realitätssinn verliere, wie Roth zu zeigen versucht:

> „‚Do you remember Seymour Schmuck, Alex?‘ She asks me, or Aaron Putz or Howard Shlong, or some yo-yo I am supposed to have known in grade school twenty five years ago, and of whom I have no recollection whatsoever: ‘Well, I met his mother on the street today, and she told me that Seymour is now the biggest brain surgeon in the entire Western Hemisphere. He owns six different split-level ranch-type houses...and belongs to the board of eleven synagogues... and last year with his wife and his two little daughters, who are so beautiful that they are already under contract to Metro (Goldwyn Meyer...), and so brilliant that they should be in College – he took them all to Europe for an eighty-million-dollar tour of seven thousand countries’“...etc. [11]

5. Die jüdische Mutter erziehe ihren Sohn zu finanziellem Erfolg und gesellschaftlicher Anerkennung. Er müsse entweder „doctor“ d. h. Arzt oder „lawyer“, allenfalls noch Börsenmakler werden. Die Tochter müsse eine gute Heiratspartie machen, am besten mit einem Mann, der einer der drei obengenannten Berufsgruppen angehört. Diese „typisch jüdischen“ Berufe sind Gegenstand vieler jüdischer Witze, wie diesen: Frau Goldberg geht mit ihren kleinen Söhnen spazieren. Unterwegs treffen sie Frau Weinberg, die fragt, wie alt die Kinder sind. Der Doktor ist fünf und der Rechtsanwalt ist drei, antwortet die stolze Mutter...

---

[10] *Jewish-American Literature. An Anthology*, ed. Abraham Chapman, Bergenfield, N. J. 1974, S. 282ff.

[11] Roth, *Portnoy's Complaint,* S. 70.

6. Der Sohn dürfe nur ein jüdisches Mädchen aus gutem Hause, eine Jungfrau natürlich, ehelichen. Am günstigsten sei es, die Kinder innerhalb des Bekanntenkreises miteinander zu verheiraten. Das könne sich über die Geschäftspartner des Vaters ergeben oder über die Mütter, die sich durch das ehrenamtliche Engagement in den jüdischen Wohltätigkeitsorganisationen kennen. Der Sohn dürfe, wie es sich für einen Mann gehöre, vor der Ehe durchaus Erfahrungen mit Frauen sammeln, auch mit Nicht-Jüdinnen (*Schikses*), doch stets mit Mamas Warnung vor Geschlechtskrankheiten im Ohr. Heiraten solle er diese Frauen aber auf keinen Fall. Ein solches negatives Beispiel des jüdischen Mutterwahns findet sich in dem Roman *Die Schickse* aus der Feder der Französin Dominique Valentin: „Sie hatte Moses am Tag seiner Hochzeit [mit der Nichtjüdin] eine Nachricht zukommen lassen. Moses habe nicht das Recht, an ihrem Grab zu stehen, und unsere Kinder würden sterben [...]“[12]

7. Die jüdische Mutter dominiere alle anderen Familienmitglieder verbal – gegen ihre eigentümliche Logik komme keiner an, und sie behalte immer das letzte Wort, wohl auch aus dem Grund, weil sie nie aus dem Konzept gerate.

Das sind also nur einige der Stereotypen, die zeigen, was einen erwartet, wenn man als Kind einer jüdischen Mutter auf die Welt gekommen ist. Daß die Söhne und Töchter dagegen rebellierten, verwundert kaum.

Aviva Cantor analysiert den Generationskonflikt in ihrem Buch *Jewish Women/Jewish Men* unter der Überschrift „The No-Win Situation of the Jewish Mother in America“[13]:

> „In the shtetl, maintaining a household according to Jewish law and custom was extremely demanding, especially because the home was usually a one-room wooden shack with an earthen floor. On the Lower East Side and in other late nineteenth- and early-twentieth-century immigrant ghettos, the small tenement flat lacked indoor plumbing and was overcrowded with relatives and boarders [...] It is no wonder that once she had the opportunity to function as a balaboosta [jiddisch für Hausfrau] under the improved conditions made possible by a rise in the family income, the mother overcompensated with [...] housekeeping serving as definite markers of a home as her exclusive turf, the source of her identity [...] The second and major outlet she found for her energy [...] was mothering. The specific focus of these immigrant mothers was facilitating their children's Americani-

---

[12] Aus dem Französischen von Eva Moldenhauer, Frankfurt a. M. 1996, S. 7.

[13] Der vollständige Titel des Buches lautet: *Jewish Women/Jewish Men. The Legacy of Patriarchy in Jewish Life*, San Francisco 1995, S. 207-231.

zation. The boys were to be prodded and pushed towards material success, the girls into becoming wives to ‚successful' men and American-style enablers to them and their children. A third outlet for the Jewish woman's energy was volunteering in women's organizations.[14]

Eine solche Konstellation hat Herman Wouk (1915) in seinem verfilmten Roman *Marjorie Morningstar*, den er seinem Vater Abraham Isaak Wouk (1889-1942) gewidmet hatte, am Beispiel des schönen jüdischen Mädchens Marjorie Morgenstern und ihrer Familie bereits 1955 vor dem Hintergrund des Spannungsfeldes zwischen Sein und Schein beschrieben. In Familien der Emigranten aus Ost-Europa, die ihren Weg des sozialen Aufstiegs angetreten und ein Stück vorangeschritten sind, achtete man mehr als bei anderen Familien auf die gesellschaftliche Stellung. So ist Marjories Mutter bezüglich der Kontakte ihrer Tochter mit Männern kompromißlos und unnachgiebig, auf der anderen Seite doch sehr freigiebig, wenn es um teure Kleidung und Reitstunden für ihre Tochter geht, denn all dies kann dem Ziel einer guten, standesgemäßen Heirat dienen. Auch in diesem Roman ist der Vater ein liebender, jedoch der schwächere Teil des Familienverbandes. Eine enge gefühlsmäßige Beziehung zwischen den Eltern und ihrem Kind besteht nicht, denn die Tochter, die in eine höhere gesellschaftliche Position lanciert werden soll, ist ihren Eltern und deren Horizont entwachsen und entfremdet. Bereits der zweite Satz dieses Romans lautet:

„Marjorie's mother looked in on her sleeping daughter at half past ten of a Sunday morning with feelings of puzzlement and dread. […] She disapproved of everything she saw. She disapproved of the expensive black silk evening dress crumpled on a chair, the pink frothy underwear thrown on top of the dress, the stockings like dead snakes on the floor [...] Above all she disapproved of the beautiful seventeen-year-old girl laying happily asleep on a costly oversize bed [...] Marjorie was recovering from a college dance [...]“ [15]

Auch Marjorie revoltierte also bereits in den 50er Jahren gegen ihre Mutter, deren Benehmen den meisten angeführten Stereotypen der jü-

---

[14] Cantor, ebd., S 208. Mit dem Unterschied zwischen den jüdischen und nichtjüdischen Immigranten und den Überlebensstrategien der jüdischen Frauen befaßt sich auch Gisela Eckers Aufsatz „Einzug in das ‚Promised Land' oder ‚Lost in Translation?' Osteuoropäische Jüdinnen auf dem Weg vom *Stetl* zum American Dream“; in: *Jüdische Kultur und Weiblichkeit in der Moderne*, hrsg. v. Inge Stephan et al., Köln etc. 1994, S. 229-243.

[15] Herman Wouk, *Marjorie Morningstar*, Boston etc. 1983, S. 3.

dischen Mutter entspricht. Allerdings karikierte Wouk die Mutter nicht, sondern schilderte sie so, wie er sie wohl aus dem wirklichen Leben kannte...

Zu den – anderswo auch üblichen – Generationskonflikten kam bei den jüdischen Familien das angestrengte Bemühen hinzu, dem Standard des „American way of life“ zu entsprechen und das Stigma des Immigranten abzuschütteln. In New York bedeutete dies den Aufstieg von der Lower East Side über Brooklyn nach Upper Manhattan oder Mamaroneck. Die in den USA geborenen Kinder der Einwanderer wollten nichts mehr mit der alten Heimat und den ihnen als obsolet erscheinenden Sitten ihrer Eltern zu tun haben, für die sie sich schämten, während die Eltern ihrerseits mit der Entfremdung ihrer Kinder nur schwer zurecht kamen. Trotz aller Irrungen und Wirrungen, denen Marjorie in ihrer stürmischen Zeit mit falschen Männern und in der trügerischen Hoffnung, Schauspielerin am Broadway zu werden, ausgesetzt ist, wird sie am Ende doch eine typische Vorstadt-Ehefrau eines jüdischen Anwalts, Mutter von zwei Kindern, milde und zufrieden in ihrem schönen Haus und ihrer eigenen Mutter nicht unähnlich... Die bürgerlichen Werte der Mittelschicht – auch der jüdischen – haben gesiegt. Ein Happy-End.

Wie sah es aber außerhalb der Mittelschicht mit den Tugenden oder Untugenden einer jüdischen Mutter aus? Im Jahre 1961 erschien das Poem *Kaddish*[16] von Allen Ginsberg (1926-1997), eine Totenklage, die er seiner Mutter Naomi Ginsberg (1894-1956) widmete. Ginsberg, homosexuell, eines der *enfants terribles* der damaligen amerikanischen Szene, hatte es unter Drogen geschrieben, so daß es ein Zeugnis des Unterbewußtseins des Sohnes ist. Die Beat-Generation, die „neue Bohème“ aus der Greenwich Village, wie Podhoretz sie mit Verachtung nennt, stehe Kriminalität und Gewalt bis hin zum Wahnsinn aufgeschlossen gegenüber.[17] 1956 ist Ginsberg mit seinem schonungslosen Litanei-Gedicht *Howl* bekannt geworden. Auch *Kaddish* ist schonungslos. Darin rekapituliert er das Leben seiner Familie, vor allem seines als Kind mit der geisteskranken Mutter, die er in „Du“-Form trauernd und anklagend zugleich adressiert:

> „By long nites as a child in Paterson apartment, watching over your nervousness – you were fat – your next move –

---

[16] *Kaddish and Other Poems 1958-1960*, San Francisco 1961. S. 13f.

[17] Podhoretz, ebd., S. 75.

By that afternoon I stayed at home from school to take care of you [...] But you stared out of the window on the Broadway Church corner. And spied a mystical assassin from Newark, [sic!] So phoned the Doctor – [...]
and you covered your nose with motheaten fur collar, gas mask against poison sneaked into downtown atmosphere, sprayed by Grandma – […] we hung around 2 hours fighting invisible bugs and jewish sickness – breeze poisoned by Roosevelt –
[...] ‚The Bitch! Old Grandma! Last week I saw her, dressed in pants like an old man, with a sack on her back, climbing up the brick side of the appartment
‚On the fire escape, with poison germs, to throw on me – at night – maybe Louis is helping her – he's under her power –
‚I'm your mother, take me to Lakewood (near where Graf Zeppelin had crashed before, all Hitler in Explosion), where I can hide'."[18]

Kaddish enthält die erschütternde Chronik dieses Lebens in unheilbarer Krankheit, mit der der zwölfjährige Sohn schutzlos konfrontiert und überfordert wird. Die Mutter wurde 1919 zum ersten Mal krank, gesundete aber zunächst wieder und wurde Kommunistin. Der Sohn, alleingelassen, fühlte sich darüberhinaus von seiner sich offenbarenden Homosexualität überwältigt und erdrückt. Während des Krieges wurde die Mutter erneut krank: Die Angst vor Hitler und Mussolini erwies sich als zu stark:

„The telephone rang at 2 AM - Emergency – she'd gone mad – Naomi hiding under the bed screaming bugs of Mussolini – Help! Louis! Buba! Fascists! Death! […]
[...] No love since Naomi screamed – since 1923? – now lost in Greystone ward – new shock for her – Electricity, following the 40 Insulin.
And Metrasol had made her fat.
So that a few years later she came home again – we'd much advanced and planned – I waited for that day – my Mother again to cook & – play the piano – sing at mandoline [...] ‚Don't be afraid of me because I'm just coming back home from the mental hospital – I'm your mother –'
[...] But then went half mad – Hitler in the room, she saw his mustache in the sink..."[19]

Die Mutter stirbt im Krankenhaus. Zum Schluß zitiert Ginsberg einen ihrer Briefe an ihn, geschrieben von einer zwar verrückten jüdischen Mutter, aber dennoch jüdisch-normal...:

---

[18] *Kaddish*, S. 13f.
[19] Ebd., S. 17, 20f., 25.

„She wrote – ‚The key is in the window...Get married Allen don't take drugs...Love, your mother'."[20]

Kaddish ist das ergreifende Gedicht eines Rebellen, der gegen alles, nur nicht gegen diese Mutter rebelliert. Vielleicht, weil hier die Rollen vertauscht sind: Nicht sie kümmert sich um ihren Sohn, sondern er sich um sie. Die Stereotypen, die Roth, Jong und andere Autoren und Autorinnen kritisieren, treffen auf diese Frau nicht zu. Sie lebt, wie gesagt, außerhalb der bürgerlich-„ordentlichen" Mittelschicht, weshalb die Untugenden, die jener eigen sind, fehlen. Vielleicht ist es aber die Rücksicht auf die Angst der Mutter vor den Nazis, die Ginsberg den ernsten, elegischen Ton diktiert. Allerdings scheint Ginsberg nicht gänzlich mit den jüdischen religiösen Bräuchen gebrochen zu haben, denn das Gedicht enthält sogar Zitate aus dem jüdischen Gebet für die Toten, die bei den orthodoxen Juden der Sohn (und nicht die Tochter) für seine Eltern aufzusagen hat.

Eine andere Mittelschicht problematisiert Chaim Potok (1929-2002) in seinem Roman *My Name is Asher Lev* (1972). Potok, seit 1954 ordinierter Rabbiner und Doktor der Philosophie, kennt die Welt des orthodoxen, chassidischen Judentums und der jüdischen Intellektuellen in Amerika. Vor diesem Hintergrund entfaltet sich eine dramatische Geschichte, die weder kitschig noch trivial ist, wiewohl das Sujet und das Milieu es zugelassen hätten. Asher Lev ist ein sechsjähriger Junge, dessen Mutter einen Nervenzusammenbruch erleidet, als ihr Lieblingsbruder auf einer Reise für den Rebben [das geistige Oberhaupt der chassidischen Gemeinde] bei einem Autounfall stirbt. Asher erinnert sich an seine Mutter vor der Krankheit, die ein fröhliches junges Mädchen und fast wie eine ältere Schwester für ihn war. Er hat eine außergewöhnliche zeichnerische Begabung – eine unjüdische Beschäftigung allerdings, denn die orthodoxen Juden zeichnen nur Vögel und Blumen, aber keine Menschengestalten. Er versucht, seine Mutter mittels seiner Zeichnungen wieder gesund zu machen. Seine Mutter erholt sich auch nach einer Zeitlang wieder und geht – mit der Anfang der fünfziger Jahre in orthodoxen Kreisen sehr ungewöhnlichen Erlaubnis des Rebben – aufs College. Dort studiert sie russische Geschichte, ermutigt durch ihren Mann, der im Auftrag des Rebben russischen Juden hilft, die unter Stalins Regime verfolgt werden. Sie ist – und dies gilt wiederum als Ausnahme-Erscheinung in chassidischen Kreisen – eine Partnerin ihres Mannes und eine Mutter, die ihren merkwürdigen Sohn zu verstehen sucht. Dieser malt und zeichnet

[20] Allen Ginsberg, ebd., S. 31.

nur, anstatt Tora zu lernen, wie es sich für einen chassidischen Jungen in seinem Alter eigentlich gehört. Und was er zeichnet, ist eine Sünde, Häresie und Schande – nackte Gestalten und sogar Jesus, dessen Bilder er im Museum gesehen hat, und der für die orthodoxen Juden ein Götze ist. Seine Mutter versteht ihn und verteidigt ihn gegen den Vater. Später, als Student einer religiösen Akademie [Jeschiwa] malt er allerdings Bilder der Kreuzigung, die auf einer Ausstellung gezeigt werden, so daß ihn der Rebbe auffordert, die Gemeinde zu verlassen und ins Ausland zu gehen. Hier ist auch die Grenze seiner intellektuell aufgeklärten Mutter erreicht, die ihn nun nicht länger verteidigen kann.

Stalin, Hitler und Deutschland sind für die jüdischen Helden in Potoks *Asher Lev* und Ginsbergs *Kaddish* eine zentrale Bedrohung, spielen aber auch in Wouks *Marjorie Morningstar* diese Rolle. Dies ist im falle der Autorinnen und Autoren, die nach dem Krieg schrieben, nicht verwunderlich. Mit dem militärischen Engagement der USA rückten der Krieg und die Diktaturen in Europa näher an sie heran. Wenn auch die jüdischen Einwohner der USA selbst keine Opfer der Diktatur, nur des Krieges gegen diese waren, so wurden sie nach 1945 mit den einwandernden Flüchtlingen oder Überlebenden konfrontiert, und auch die heimkehrenden Soldaten brachten traumatische Erfahrungen mit. Die Überlebenden der Schoah, die aufgrund ihrer Erlebnisse meist seelisch und körperlich krank und kaum mehr lebens-, geschweige denn liebesfähig waren, wurden nach und nach auch in Amerika zum literarischen Sujet. Mit der zunehmenden Distanzierung der Rebellen-Generation von ihrer eigenen ‚wilden' Jugend nahm die Aggressivität der Opposition gegen die traditionelle Mutterfigur in der amerikanisch-jüdischen Literatur stetig ab, und ein Mit-Empfinden, wenn nicht gar Mit-Leiden mit den Opfern der Schoah, die in die USA einwanderten, charakterisiert mehrere der späteren literarischen Mutter-Kind-Konstellationen, so u. a. bei Cynthia Ozick.

Als Kontrast zum Mythos einer selbstaufopfernden jüdischen Mutter wird in William Styrons (geb. 1925) stark überzogenem Roman *Sophie's Choice* (1976) eine polnische Mutter dargestellt, die in Auschwitz vor die Wahl gestellt wird, entweder ihre beiden Kinder oder eines von ihnen in die Gaskammer auszuliefern und damit eines zu retten, was ihr als Nichtjüdin als angebliches Privileg und Überlebenschance zugestanden wird. So entscheidet sie sich, ihre kleine Tochter zu opfern und rettet damit vorerst ihren etwas älteren Sohn. Allerdings überlebt auch er das Kinderlager nicht lange, während sie selbst am Leben bleibt, noch dazu als Mitarbeiterin und in gewissem Maße auch Vertraute des Lagerkommandanten Höss. Sophie, die inzwischen in den USA lebt, zerbricht jedoch an ihrer Vergangenheit und ihrer Schuld, und begeht mit ihrem – perversen – jüdischen Liebhaber schließlich Selbstmord.

Daß auch die Selbstaufopferung der jüdischen Mütter im Gegensatz zu anderen Müttern nur ein Mythos ist, bezeugen die nichtfiktionalen Erinnerungen jüdischer KZ-Häftlinge, wie etwa Shoshana Rabinovicis *Dank meiner Mutter* (1991). Shoshanas Mutter hat ihre Tochter unter Lebensgefahr auf dem Weg durch mehrere Lager und auf dem anschließenden Todesmarsch bei sich behalten. Es gab – so der Bericht – aber auch andere jüdische Mütter, die, um zu überleben, ihre kleinen Kinder dem Verderben überließen und später selbst daran zugrundegegangen sind. Allerdings nimmt Shoshanas Mutter auch diese Mütter stets in Schutz, denn in solchen Extremsituationen seien keine normalen Reaktionen zu erwarten, und die Mütter, die ihre Kinder unterwegs „verloren", hätten sich häufig der irrationalen Hoffnung hingegeben, diese dadurch irgendwie zu retten.

Auch Cynthia Ozick (geb. 1928 in New York) beschreibt eine jüdische Mutter-Figur in ihrem Erzählband *Puttermesser und ihr Golem* (1977-1983), der ihrer „Mame, Shiphra, O meine Maminke" gewidmet ist.[21] Ihre Heldin Rosa Lublin, „die wahnsinnig und eine Trödlerin war, gab ihren Laden auf – sie schlug ihn mit eigenen Händen kurz und klein – und zog nach Florida."[22] Auch sie mußte einst zusehen, wie ihre kleine Tochter Magda, ohne ihr Zutun im KZ umgebracht wurde und hat seitdem den Verstand verloren. Sie, die aus einer kultivierten und polonisierten jüdischen Familie in Warschau stammt, weigert sich, den Tod des Kindes zu akzeptieren und unterhält sich mit der Toten in Briefen. Es heißt bei Ozick: „Ihrer Tochter Magda schrieb sie das ausgesuchteste literarische Polnisch."[23]

Eine weitere Mutter, die durch ihre Erfahrungen während der Schoah psychisch erkrankt, wird in dem Roman *Ihr erster Amerikaner* von Lore Segal (geb. 1928) beschrieben. Lore Segals 1985 erschienener Roman trägt deutlich autobiographische Züge. Die in Wien geborene Heldin, Ilka Weissnix, die Anfang der fünfziger Jahre nach New York emigriert, findet ihre seit dem Krieg verschollene Mutter in Israel und holt sie zu sich. Ihre Mutter aber hat Schuldgefühle, weil sie ihren Mann während des Krieges angeblich am Straßenrand allein gelassen

---

21 Cynthia Ozick, *The Shawl*, New York 1990; daraus die Kurzgeschichte „Rosa", die zuerst in *The New Yorker* am 21. März 1983 erschienen ist; deutsch von Melanie Walz, München Zürich 1987.

22 Ebd., S. 197.

23 Ebd., S. 198.

hat, und er von den Nazis später umgebracht wurde. Seither leidet sie an Alpträumen und Verfolgungswahn, und kann sich in der neuen Umgebung nur schwer zurechtfinden. Das Verhältnis zwischen Mutter und Tochter gestaltet sich wegen dieser Krankheit sehr problematisch, bis die beiden eine ‚therapeutische' Reise nach Österreich unternehmen.

Bisher ist eine ganze Palette von Typisierungen der jüdischen Mutter vorgestellt worden. Als Kontrast zu der bürgerlichen jüdischen Mutter der inzwischen arrivierten Mittelschicht, die sich aus den ehemaligen Immigrantinnen aus Osteuropa rekrutierte, fungierten Darstellungen der noch immer armen, „proletarischen" ostjüdischen Frauen der Unterschicht der New Yorker Lower East Side. Im Vergleich zu diesen beiden Gruppen nahmen die aus Deutschland immigrierten Juden einen höheren Rang in der gesellschaftlichen Hierarchie ein. Sie waren eine Generation früher ins Land gekommen und galten als kultivierter und tüchtiger. Laut Cantor haben diese Westjuden die osteuropäischen Immigrantinnen verachtet. Auch Ilka Weissnix' Mutter in Lore Segals Roman verachtet die „Polnischen". Die jüdischen Mütter unterhalb der Mittelschicht sind jedoch ganz anders, ja das Gegenteil all dessen, was wir bei Roth oder Greenburg über die jüdische Mutter gelesen haben.

In Howard Fasts Roman *Max* (1982) lebt die Welt der New Yorker Lower East Side der Jahrhundertwende mit allen Versatzstücken weiter. Die Mutter des Helden, Sarah Britsky, hat sechs kleine Kinder, als ihr Mann, ein Bahnarbeiter stirbt. Der zwölfjährige Sohn Max übernimmt nun die Versorgung der Familie, was ihm dank seines kaufmännischen Talents und seiner Herkunft aus der Ghetto-Gosse gelingt. Mit dem Aufkommen des Films wird er zum Kinobesitzer und Millionär. Während all der Jahre, in denen er seine Mutter und seine Geschwister am Leben erhält, bekommt er kaum ein freundliches Wort von seiner Mutter. Die verbitterte Frau, gibt ihm die ganze Schuld an ihrem unglücklichen Leben. Eine Rabenmutter, also keineswegs eine jüdische Mutter, in dem bislang beschriebenen Sinne. Dabei versucht sie durchaus auf ihre Art und Weise, ihre anderen Kinder zu umsorgen, mit Ausnahme von Max:

> „Max's mother, Sarah, had been born in 1856, transported at the age of sixteen to the Lower East Side of New York City. Years later Max would remember and try to comprehend what life had been to Sarah. She was only thirty-five when her husband died, but already worn and defeated, the juice of life squeezed out of her... She was boxed into a room with no exit; she was beyond planning or hoping or dreaming, and the thought that this

strange alien, skinny boy could provide for her and her family was untenable. The ability to love had also been squeezed out of her, replaced by fear and rage and frustration...

But Max brought in money, and they survived. In was an affront to the normal monstrousness of life, and instead of being grateful, Sarah snapped and whimpered and raged at her son. Strangely enough, Max understood this."[24]

Einen völligen Gegenpol zu ihr, einer armen Ost-Immigrantin mit schlechten Englisch-Kenntnissen, bilden die Eltern seiner späteren Frau Sally. Sie sind zwar ebenfalls Immigranten, jedoch aus Deutschland und bereits seit einer Generation in den USA. Sie wohnen in Flatbusch, einer damals als vornehm geltenden Wohngegend in Brooklyn und somit Welten entfernt von der Henry Street mit ihren häßlichen und ärmlichen Behausungen kinderreicher Familien, ihrem Gestank, ihrem Krach und ihrer Gewalttätigkeiten. Sallys Eltern sind fürsorglich und lassen ihre einzige Tochter ein Studium absolvieren und als Lehrerin arbeiten. Als Max sie kennenlernt, meint er, er habe bislang noch keine jüdische Lehrerin gesehen. Eine Frau, die nicht im *sweatshop* arbeitete, war unter den Ost-Immigranten in der Tat fast unbekannt, denn die osteuropäischen jüdischen Frauen im Schtetel wurden nicht beruflich ausgebildet, und ihre Rolle beschränkte sich auf die einer Hausfrau und Mutter. Allerdings hatten sie oft noch zusätzlich die Rolle des Geldverdieners zu übernehmen, wenn ihre frommen Männer sich ausschließlich dem Tora-Studium verschrieben. Als Händlerinnen konnten sie ihren Familien zumindest eine Existenz sichern. Diese Möglichkeit der Nebentätigkeit entfiel in der Neuen Welt. Die Infrastruktur des Schtetels und die nötigen Kenntnisse fehlten ihnen. Wenn also der männliche Ernährer der Familie ausfiel, wurde ihre Situation hoffnungslos.

War also Wohlstand der Garant für das ‚richtige Funktionieren' einer jüdischen Mutter? War die legendäre Liebe und Selbstaufopferung auf die höheren Schichten beschränkt? Natürlich nicht. Hier ist – wie überall – die Realität viel komplexer, wie die umfassende Studie von Elisabeth Badinter über die Mutterliebe verdeutlicht.[25] Auch Elie Wiesels (geboren 1928 in einem rumänischen Schtetel) Beschreibung

---

[24] New York 1983, S. 12f.

[25] Elisabeth Badinter, *Die Mutterliebe. Geschichte eines Gefühls vom 17. Jahrhundert bis heute.* Aus dem Französischen von Friedrich Griese, München, Zürich 1982. Siehe dazu auch Harald Schenk, *Wieviel Mutter braucht der Mensch? Der Mythos von der guten Mutter*, Köln 1996.

seiner orthodoxen jüdischen Mutter in *A Beggar in Jerusalem* [26] weist hierauf:

„Like most Jewish children in Eastern Europe, I had two mothers: the everyday one, absorbed by her work in the store and in the kitchen; and the one on Shabbat, transfigured, radiant and inaccessible: a princess full of beauty and grace. Neither one encouraged my confidences. Days and weeks drifted by without my telling her anything of what was happening to me. Of course, she knew everything. What did that matter? Was that any reason not to open myself to her? Can knowledge replace language? Both are part of our being: no link is whole if words are excluded. Yet I had so many things to tell my mother: my first surprise, my first nightmare, my first awakening to the misery and poverty of a world in which I was slowly, involuntarily taking root. But I still kept hearing her murmur: ‚Be quiet, son, be quiet'."

Das nach der Schoah bekannte Schweigen zwischen Eltern und Kindern herrschte offenbar auch schon früher in vielen jüdischen Familien. Nicht alle Mütter im Schtetel entsprachen dem verbreiteten Ideal einer jüdischen Mutter, ohne daß dies mit Gefühlskälte und Hartherzigkeit gleichzusetzen wäre. Die Erziehungsmethoden früherer Generationen waren bekanntlich anders, und in Elend und Armut hatten die Mütter nicht die Möglichkeit, pädagogische Konzepte zum Wohle ihrer Kinder zu entwickeln. Sie waren nicht dazu in der Lage, und zudem durch die Bürden des Alltags überfordert. Gleiches gilt für die nicht-jüdische Gesellschaft; doch hatte man es hier nicht mit dem überlieferten Mythos einer Idealmutter zu tun. Herweg führt einige ostjüdische Schriftsteller an, wie Mendele Moicher Sforim, Scholem Alejchem oder Isaak Leib Perez, die vom Leben gezeichnete, hartherzige, zuweilen grausame bzw. gleichgültige Mütter beschrieben, die ihre Kinder enttäuschten. Dazu meint Herweg: „Angesichts der großen Armut und Verelendung breiter Massen der ostjüdischen Bevölkerung brechen sie [die o. g. Schriftsteller] mit dem rabbinischen Idealbild der duldsam-ergebenen und liebenden Mutter und kontrastieren es mit dem weit realistischeren Bild der überarbeiteten, verzweifelten und deshalb ihre Kinder wenig beachtenden jüdischen Mutter, das sie bis zu einem grotesken Zerrbild überspitzen."[27]

---

[26] London 1971, S. 61.

[27] Rachel Monika Herweg, *Die jüdische Mutter. Das verborgene Matriarchat*, Darmstadt 1994, S. 171.

Anders schildert Alfred Kazin (geb. 1915) in seinem autobiographischen Text *A Walker in the City* (1951)[28] seine Mutter, eine arme Immigrantin aus Rußland und Näherin aus dem *sweatshop*, die später Heimarbeiterin wurde und fast Tag und Nacht in der Küche an der Nähmaschine saß. Aber sie war eine gute und liebevolle Mutter gewesen, trotz des schweren Lebens. Seine Eltern, die Sozialisten waren,

> „[…] were always awed by us, as they were awed by their own imagined unworthiness, and looked on themselves only as instruments toward the ideal ‚American' future that would be lived by their children...
> Often, those Friday evenings (also Shabbat, Feiertag), they spoke of *der heym*, ‚Home' and then it was hard for me. *Heym* was a terrible word. I saw millions of Jews lying dead under the Polish eagle with knives in their throats. I was afraid with my mother's fears, thought I should weep when she wept, lived again through every pogrom whose terrors she chanted..."

Diese Pogrome sind es, die als Grund für die Masseneinwanderung der Juden aus Rußland angegeben werden, wiewohl es vermutlich eher die schreckliche Armut war, die sie nach Amerika getrieben hat. Die Pogrome sind jedenfalls ein fester Bestandteil der jüdischen Geschichte in Aschkenas, d. h. von Deutschland über Polen bis nach Rußland, und sie sind ein literarisches Sujet auch der Bücher geworden, die ich zu der Gattung „Jewish kitsch" zähle. So reist in den zwanziger Jahren des letzten Jahrhunderts die gehetzte Heldin Lea Goldfeder in Gloria Goldreichs Trivialroman *Leah's Journey* „from the violent pogroms on the streets of Odessa to the sweatshops of New York's Lower East Side", wie es im Klappentext heißt. Sie wird während des Pogroms vergewaltigt und weiß nicht, ob ihr Kind Aaron von ihrem damals ermordeten Mann oder von dem Vergewaltiger stammt. Später, als kanadischer RAF-Soldat im 2. Weltkrieg, wird der Sohn in Ägypten getötet. Trotz ihrer Zweifel ist sie diesem Kind gegenüber zwar stets distanziert aber dennoch auf ihre Art eine „caring mother".

Die Kinder der ostjüdischen Immigrantinnen haben ihren Müttern aber nicht nur die Rolle des überarbeiteten „Hausdrachens" zugeschrieben. In den ersten Jahren des 20. Jahrhunderts beschrieben sie ihre Mütter häufig im nostalgischen Licht als kraftspendendes Zentrum der Familie, das ihnen in der harten Neuen Welt liebevollen Halt gab und auch gegen den jähzornigen Vater verteidigte: wie etwa Henry Roth in seinem Roman *Call it Sleep* (1934).[29]

---

[28] Kazin, zit. n. Chapman, ebd., S. 241 und 243.
[29] Henry Roth, *Nenne es Schlaf. Roman*, deutsch von Curt Meyer-Clason, Köln 1988.

Zum Schluß möchte ich noch auf eine letzte Variante aus der Stereotypengalerie jüdischer Mütter hinweisen, nämlich die jüdische Stiefmutter, wie sie in Joseph Hellers (1923-1999) Roman *Good as Gold* (1979) porträtiert wird. Sein Held Gold, ein armer Universitätsprofessor, wird von seinem Vater verachtet und geärgert. Es verwundert daher kaum, daß ihm auch die Stiefmutter keine Liebe entgegenbringt. Die folgende Szene kann als eine Art „archetypal joke" à la Greenburg betrachtete werden:

> „His stepmother authorized his approach by bobbing he head above her knitting and inclining her face. Gold bent to her with both forearms at the ready, fearing she might run him through the neck with one of her knitting needles.
> Gold's stepmother, who was from an old Southern Jewish family with branches in Richmond and Charleston, habitually made things difficult for him in a variety of peculiar ways. Frequently when he spoke to her she did not answer at all. Other times she said, ‚Don't talk to me'. When he didn't talk to her, his father moved up beside him with a hard nudge and directed, ‚Go talk to her. You too good?'...
> Gold's stepmother was knitting an endless strip of something bulky that was too narrow to be a shawl and too wide and uniformly straight to be anything else...
> Gold's stepmother was knitting knitting, and she was knitting it endlessly. Now she asked, ‚Do you like my wool?' ‚Pardon?'
> ‚Do you like my wool?' ‚Of course', he replied.
> ‚You never say so', she pouted.
> ‚I like your wool', said Gold, retreating in confusion to a leather armchair near the doorway.
> ‚He told me he likes my wool', he heard her relating to his brothers-in-law Irv and Max. ‚But I think he's trying to pull it over my eyes'."[30]

Zu fragen bleibt, worauf die Beschäftigung mit dem Thema der *Jewish Mother* um die Mitte des zwanzigsten Jahrhunderts in den USA zurückzuführen ist, als das entzauberte Mutter-Mythos wiederum eine neue Wendung erhielt. Dies liegt wohl u. a. am steigenden Lebensstandard, der sich mit dem beruflichen Vorwärtskommen des Familienvaters in der neuen Gesellschaft entwickelte. Die Mutter, nun wieder in der traditionellen häuslichen Rolle, frei von früheren Immigranten-Alltagssorgen, konzentrierte ihr Leben – zum Teil in extremer Weise – auf die Familie, vor allem auf die Verschönerung der Wohnung und die Erziehung der Kinder. Sie besaß, wie Cantor anmerkt, zu viel

30 Joseph Heller, New York 1980, S. 24 (deutsch von G. Danehl, *Gut wie Gold*, Frankfurt a. M. 1976).

Energie und sonst keinen anderen Lebensinhalt. So schränkte sie die Freiheit ihrer Kinder mehr und mehr ein, um, wie sie meinte, das traditionelle jüdische Wunschziel zu erreichen: „Naches fun kinder“ [jiddisch: Freude an den Kindern] zu erleben. Die Kinder ihrerseits schüttelten bei ihrer Revolte die Fesseln der Tradition samt der sie verkörpernden Mutter ab. Seit sich aber in den letzten Jahren wiederum auch die jüdisch-amerikanischen Mütter der Mittelschicht mehr und mehr in außerhäuslich berufstätige Frauen verwandeln und ihre Persönlichkeitsentfaltung nicht von dem beruflichen Erfolg der Kinder, sondern von ihrem eigenen abhängt, scheinen sich die beschriebenen familiären Konflikte gelöst zu haben, und das Lieblingsthema der jüdischen Mutter rückte damit aus dem Mittelpunkt an den Rand der amerikanischen Gegenwartsliteratur. Gelegentlich lebt das Thema noch in den Filmen Woody Allens oder in *Comedy Shows* à la Tabatsky weiter.

Ob die jüdischen Mütter sich nun allerdings ganz außerhalb der Schußlinie befinden, sich in Sicherheit und wieder geliebt wähnen dürfen, wage ich zu bezweifeln, denn das Interesse für dieses Thema scheint auf die Juden in Deutschland übergegriffen zu haben, wie das kürzlich erschienene Buch von Viola Roggenkamp, *Tu mir eine Liebe. Meine Mamme*, zeigt.

Ebenfalls im Philo Verlag erschienen

Elvira Grözinger
Die jiddische Kultur im Schatten der Diktaturen
Israil Bercovici – Leben und Werk
545 Seiten, kt.
ISBN 3-8257-0313-4

Das Buch von Elvira Grözinger eröffnet neue Perspektiven der Erforschung der jüdischen Kultur in Osteuropa, insbesondere in Rumänien. Grundlage ist der Nachlaß des jüdischen Dichters und Chefdramaturgen des jüdischen Staatstheaters Bukarest, Israil Bercovici (1921-1988), aus dem zahlreiche Dokumente zum ersten Mal veröffentlicht und in deutscher Sprache zugänglich gemacht werden. Mit Hilfe dieser Materialien gibt die Autorin einen tiefen Einblick nicht nur in das Leben und Schaffen eines rar gewordenen intellektuellen Typus, sondern auch in die nicht mehr existierende osteuropäische jiddische Lebenswelt. Zugleich schreibt sie die Geschichte des jiddischen Theaters hinter dem eisernen Vorhang, so daß ein facettenreiches Bild des jüdischen Kulturlebens in den kommunistischen Diktaturen Europas entsteht.